Olli „Gastronomicus“ Riek

Ist das Gemüse auch vegan?

Oder: Die Leiden des jungen Waiters

Die lustigsten Restaurant-Erlebnisse eines Kellners

W0385869

acabus

Riek, Olli: Ist das Gemüse auch vergan? Die lustigsten Restaurant-Erlebnisse eines Kellners. Hamburg, acabus Verlag 2018

1. Auflage
ISBN: 978-3-86282-602-5

Dieses Buch ist auch als eBook erhältlich und kann über den Handel oder den Verlag bezogen werden.
ePub-eBook: ISBN 978-3-86282-604-9
PDF-eBook: ISBN 978-3-86282-603-2

Lektorat: Lea Oussalah, acabus Verlag
Cover: © Annelie Lamers, acabus Verlag
Covermotiv: © Annelie Lamers, acabus Verlag

Bibliografische Information der Deutschen Nationalbibliothek:
Die Deutsche Nationalbibliothek verzeichnet diese Publikation in der Deutschen Nationalbibliografie; detaillierte bibliografische Daten sind im Internet über http://dnb.d-nb.de abrufbar.

Der acabus Verlag ist ein Imprint der Diplomica Verlag GmbH, Hermannstal 119k, 22119 Hamburg.

© acabus Verlag, Hamburg 2018
Alle Rechte vorbehalten.
http://www.acabus-verlag.de
Printed in Europe

Meiner Familie

Inhalt

Vorwort

Den Beruf des Bestatters wird es immer geben, weil immer gestorben wird. Den Beruf des Kellners wird es auch immer geben, weil es immer Menschen geben wird, die Hunger haben. Ich bin Kellner aus Leidenschaft. Seit Jahren bin ich in den verschiedensten, gastronomischen Systemen unterwegs. Mal im Hotel, mal im Sternerestaurant oder eben auch in „normalen" Restaurants, die man aus der Nachbarschaft kennt. Eines aber haben sie gemein, egal ob Sternerestaurant oder der Grieche um die Ecke: Der Gast hat Hunger. Und wenn Menschen ein Bedürfnis haben, werden sie oft zu Tieren! In meinem bisherigen Jahrzehnt des gastronomischen Wirkens habe ich unglaublich viel erlebt. Lustiges, Kurioses, Groteskes, Trauriges. So verschieden die Menschen auch sein mögen: Im Restaurant wird jeder Mensch zum Gast und die Marotten der Gäste ähneln sich oft so stark, dass man sich fragt: „Sind die verwandt?"

Egal, ob nie vorher gesehene Menschen oder Weltstar: ALLE SIND GLEICH UND ALLE BENEHMEN SICH ÄHNLICH!

In der trügerischen Sicherheit als „König" alles zu dürfen, ergeben sich die verrücktesten Geschichten. Geschichten, die ich als Erlebnisberichte im Folgenden niederschreibe.

Ich habe mich bewusst dazu entschieden, von „dem Gast" zu sprechen. Zum einen wahrt es die berufliche Distanz zum „Menschen", zum anderen will ich ebenso bewusst verallgemeinern. Denn jeder, der in der Gastronomie länger gearbeitet hat oder schon lange arbeitet, kennt die sich überschneidenden Angewohnheiten „des Gastes“. Es ist also nicht diskriminierend gemeint, sondern dient vielmehr der Erleichterung.

Setzen! Sechs!

Kulinarisches Unwissen von Gästen

Womit Gäste absolut nicht rechnen können

„Wie groß ist bei Ihnen ein großes Bier?“
„0,5 l.“
„Haben Sie auch einen halben Liter?“
„Leider nein.“
„Gut, dann nehme ich 0,5 l.“

Du willst was bestellen? Lern erst mal sprechen!

„Sonntagsgäste" nennen wir Gäste, welche durch wirklich dumme Fragen oder krasse Formulierungen auffallen:

„Einen Latte Mapedo." *(Latte Macchiato)*

„Einen Grigio." *(Genauso ausgesprochen, gemeint ist der Pinot Grigio)*

„Null Null?" *(Wo ist die Toilette?)*

„Haben Sie einen schönen Tisch im Fenster?" *(Nein, nur dahinter!)*

„Wie viele Speisekarten haben Sie?"
„Insgesamt 15 Stück!"
„Nein, wie viele unterschiedliche?!"
„Keine, sind alle gleich."
„Ich meinte doch, ob Sie noch mehr zu Essen anbieten."
„Dann sag das doch!"

„Haben Sie heute geöffnet?" *(Nein, wir haben Tag der offenen Tür.)*

„Nehmen Sie Bargeld?" *(WTF)*

Ein Mann spricht mich darauf an, dass auf dem Damenklo das Papier alle ist. *(Woher zum Teufel weiß der das?!)*

„Sind bei Ihnen Kinder erlaubt?" *(Nein, nur Hunde.)*

Gästedeutsch und warum es nicht „Latte Matschikato“ heißt

Fremdwörter sorgen oft für großes Gelächter, wenn sie von Gästen falsch ausgesprochen werden. In der Gastronomie gibt es einige Klassiker, die ich Ihnen nicht vorenthalten will.

Latte Matschikato und Latte Machato
Gemeint ist der Trendkaffee aus Italien, spricht sich korrekt: Latte Makiato.

Knotschis, Notschis, Knoken
Gnocchis oder zu Deutsch: „Nocken“. Werden „Njokis“ ausgesprochen und sind, anders als die landläufige Aussprache es vermuten lässt, keine Computerhaustiere.

Schardonni, Schardönä, Schardo...ni
Chardonnay wird „Schardonee“ ausgesprochen.

Möt, Möt Schäiden, Möt Scheidong
Moet Chandon, korrekte Aussprache „Moe Schandon“, ist eine Champagnersorte, die in der gastronomischen Szene wegen der oft falschen und daher lustigen Aussprache legendär ist!

Kaipihind, Kaipirinda, Kaipi, Kaparinja
Caipirinha, ausgesprochen „Keipirinja“, ist das bekannteste brasilianische Getränk und eine der am falschesten ausgesprochenen Cocktailsorten überhaupt. Wer das

erleben will, sollte sich bei einem Volksfest vor einen solchen Stand stellen!

Klikott, Wöff, Fief Kliköö
Veuve Cliquot, ausgesprochen „Wief Kliko", gehört ebenfalls zu den bekanntesten Champagnersorten mit exotischem Namen.

Esspresso, Expressi, Expressos
Espresso, ausgesprochen wie geschrieben. Die korrekte, in Deutschland übliche Mehrzahl ist „Espressos".

Wörschestersoße, Wösstersoße, Worstersoße
Worcestershiresauce/Worcestersauce, allgemein anerkannte deutsche Aussprache ist „Wusstersoße".

Antischocken
Artischocken

Lupp de Mer, Lupp, Luppfisch
Loup de Mer, ausgesprochen „lu de Mär", ist hierzulande auch als Wolfsbarsch bekannt, Loup de Mer klingt aber besser und dadurch lässt sich der Fisch gleich teurer verkaufen.

Zur krim, suur kriem, Sauer Kreme
Sour Cream, ausgesprochen „Suhr kriem", ist saure Sahne, klingt als Anglizismus aber viel besser und vor allem: nicht verdorben!

Gast, lerne deinen Verstand zu benutzen

Manchmal sind Produkte nicht immer das, was man vermutet:

Montägliche Gastsituation

„Einmal Café Creme, bitte."

Fünf Minuten später, beim Servieren: „Das habe ich nicht bestellt."

Ich: „Doch, haben Sie."

„Nein, ich wollte Café Creme und keinen Kaffee."

„Café Creme ist doch Kaffee."

„Nein, ich wollte eine Café Creme, sowas wie Mousse au Chocolat."

„Eine Kaffee-Creme, ja ... ok."

Seit wann stehen Desserts bei Heißgetränken?!

Keine Ahnung von Kaffee, aber Fresse aufreißen

„Darf ich Ihnen zum Abschluss noch einen Kaffee oder Tee anbieten?“

„Also, ich hätte gerne einen Espresso mit Milch.“

„Einen Cappuccino also.“

„Nein, nein, mit mehr Milch.“

„Ok, dann möchten Sie einen Café Latte?!“

„Nein, den meine ich auch nicht, also nicht mit so viel aufgeschäumter Milch.“

„Ok, eher in Richtung Milchkaffee?“

„Nein, ich will einen Espresso mit Milch, aber mit nicht so viel Milch, eher so zwischen Latte und Milchkaffee!“

„Ja, Cappuccino!“

„Nein!“

„DOCH, dazwischen gibt es nichts, es sei denn Sie erfinden da was oder ich bin zu wenig Italiener.“

„Na ja, wenn Sie Espresso mit Milch Cappuccino nennen und nichts anderes haben, nehme ich den.“

„Gut, also einen Cappuccino.“

„Mit was für Milch machen Sie den?“

„Also wir nehmen Kuhmilch. Ziege und Mutter sind gerade aus.“

„Das ist mir klar, aber wie viel Fettgehalt hat die Milch?“

„Wir haben 3,4 % und 1,5 %.“

„Neeeee, dann nehme ich lactosefreie Milch, ich habe es so mit dem Magen.“

„Gut, also einen Cappuccino mit lactosefreier Milch.“

„Wieviel Fett hat die denn?“

„3,8 %.“

„Also noch mehr als normale Vollmilch?! Das geht aber nicht, ich mache Diät. Haben Sie keine Alternative?"

„SOJAMILCH!!!!!"

„Ja, gut, nehme ich!"

„Also ein Cappuccino mit Sojamilch."

„Geht der auch koffeinfrei? Es ist ja schon recht spät!"

„... JA!!! Also einen koffeinfreien Cappuccino mit Sojamilch."

„Gibt es dazu auch Gebäck?"

„Ja, natürlich."

„Kann ich das bitte glut..."

Die Rohhackfrikadelle

Gestern Abend im Restaurant saßen Menschen. Der Hunger schien ihnen buchstäblich das Gehirn weggegessen zu haben, denn es trug sich zu, dass sie sich Tatar bestellten. Begleitet von einer miesen Vorahnung hackte ich die Bestellung in die Kasse ein, tat meinen Dienst, bis die Passglocke das nahe Unheil mit grellem „Bing“ ankündigte. Ich ging in die Küche, um das Tatar sogleich aufzunehmen und dem Gast zu servieren, der mich fragend ansah und folgender Dialog mir den Tag versüßte:

„Was ist denn das???“
„Ihr bestelltes Tatar.“
„Ich habe aber kein rohes Fleisch bestellt!“
„Aber Tatar ist immer roh.“
„Ja, wirklich? Ich dachte, das wäre gebraten.“
„Nein ... Tatar ist rohes Rinderfilet.“
„Ich wollte aber Rinderfilet gebraten!“
„Warum haben Sie dann kein Rinderfilet bestellt?“
„Weil ich dachte, dass Beef Tatar Rind ist!“
„Ist es doch auch, Beef ist Rind.“
„Ja, aber nicht roh!“
„Tatar ist immer roh!!!“
„Das steht aber nicht bei Ihnen in der Karte!“
„Dass Tatar roh ist?“
„Ja, woher soll ich wissen, dass es roh ist, wenn es in der Karte nicht steht?“
„Tatar ist immer roh, es ist der Name für ein rohes Rindfleischgericht.“
„Ja, aber nicht, dass es roh ist.“

„Beim Schnitzel steht auch nicht, dass es gebraten ist und dennoch ist es so. Wenn Sie sich nicht sicher sind, warum fragen Sie dann nicht vorher nach dem Garverfahren?"

„Weil da steht, dass es Beef Filet ist und ich dachte, dass es dann gebraten ist."

„Sie würden also 17,50 Euro für eine Frikadelle bezahlen?"

„Nein, wieso sollte ich?!!"

„Weil das der Preis des Tatars ist, wenn der Koch es zu einer Frikadelle abbrät!"

„Ich habe ja keine Frikadelle bestellt, sondern Rinderfilet!"

„Nein, Sie haben Tatar bestellt, Rinderfilet steht bei den Hauptgängen ganz unten, hat andere Beillagen und einen ganz anderen Preis!"

„Und was habe ich dann bestellt?"

„TATAR!!!!!!"

„Ich hätte es aber nicht bestellt, hätte ich gewusst, dass es rohes Rindfleisch ist."

„Es heißt aber nun mal Tatar und ich gehe davon aus, dass Sie wissen, was Sie sich bestellen wollen!"

„Warum nennen Sie es denn nicht anders?"

„Wie ... soll ich es denn sonst nennen???"

„Zum Beispiel Rohhackfrikadelle ..."

„Ja, sehr gerne. Nehmen Sie es jetzt oder nicht?"

„Was, den neuen Namen?"

„DAS TATAR!!!!"

„Nein, ich möchte was Neues bestellen."

„Dann muss ich das Tatar trotzdem berechnen."

„Wieso denn das, ich habe es doch nicht gegessen!"

„Sie haben es aber bestellt, wollen es doch nicht und ich schmeiße es nun weg."

„Wieso? Sie können es doch einem anderen Gast verkaufen!"

„Wenn ich es nicht in den nächsten paar Minuten an den Gast bringe, ist es nicht mehr anzubieten und Sie sind der einzige neue Gast gerade."

„Tun Sie, was Sie nicht lassen können ... Ich nehme dann statt des Tatars den Matjes."

„Also Matjes, gerne."

„Ist der gebraten??"

„Nein, Matjes ist roh."

„Roh? Kann ich den auch gebr..."

Qualität zum kleinen Preis oder wie man sich möglichst günstig „verarschen" lässt

Es gibt eine Reihe gastronomischer Systeme, die wegen Warenunterschiebung in die negative Presse gerieten. Da wird einem statt teurer Seezunge billigere Scholle untergejubelt, statt teurer Garnelen billigere Eismeershrimps und billiger Wein wird teuer verkauft. Die Rechnung zahlt am Ende der Wirt, aber warum ist das so? Und wer ist eigentlich schuld an dem Betrug? Ganz klar: DER KONSUMENT! Wer es in einem guten Fischrestaurant nicht einsieht, für einen Hauptgang mit Seezunge um die 50 Euro zu zahlen, aber auch nicht verstehen will, dass gerade moderner, hoch überfischter Edelfisch sehr teuer ist, bringt den Wirt in eine Zwickmühle. Der Gast WILL Seezunge, aber den Endverbraucherpreis nicht zahlen? Dann eben billigeres Imitat als hochwertiges Original verkaufen!

Das ist kriminell und eine Straftat, aber aus meiner eigenen Erfahrung weiß ich, dass der Gast es im Grunde nicht merkt. Ob ich in meiner Vorspeise eine tiefgekühlte Zucht-Jakobsmuschel habe oder bretonischen Wildfang, der kurz vor der Verarbeitung getötet wurde, kann doch der ungeübte Gaumen nicht unterscheiden. Schuld daran sind das mangelnde Qualitätsbewusstsein und der Unwille, einen angemessenen Preis zu zahlen.

Es verwundert mich doch sehr, dass viele Menschen in Deutschland bereit sind, 1.000 Euro für ein Smartphone zu bezahlen, mehrere Tausend Euro in Fernseher oder Luxusautos zu investieren, bei den Lebensmitteln aber so geizig sind wie keine andere Gesellschaft in Europa. Ja, wir Deutschen geben im Schnitt so wenig für Lebensmittel aus wie sonst keiner in Europa. Das zeigte sich mir exemplarisch, als ich vor einiger Zeit an einem Aldi-Parkplatz vorbeiging. Ich blieb stehen und sah mir die Autos an. Mercedes S-Klasse, Audi Q7, BMW 6er und, und, und. Nicht, dass ich etwas gegen die Qualität der Aldiprodukte hätte, jedoch wunderte es mich und ich fragte mich insgeheim, wieso Menschen, die sich solche Autos leisten können, beim Discounter einkaufen gehen?

Ich erlebe es oft, dass wohlhabende Gäste im Restaurant am Essen geizen, doch gerade Essen ist elementar und beeinflusst unseren Körper. Ich würde also lieber an Luxusgütern sparen als an Lebensmitteln!

Wenn der Gast den Joke des Kellners nicht versteht

„Ich würde gerne Fisch essen."
„Das tut mir leid, wir haben heute leider keinen da."
„Überhaupt keinen Fisch?"
„Nein!"
„Können Sie mal nachsehen?"
„Sehr gerne."*

2 Minuten später.
„Also wir haben noch Silberfische im Keller."
„Hm ... ok ... dann nehme ich eine Portion. Mit was wird der serviert?"
„Mit Asselpüree und Schwarzschimmelkruste."
„Was ist denn Asselpüree?"
„Das ist eine Krebstierzubereitung."
„Gut, dann nehme ich es."
„Sehr gerne."**

*Nein heißt nein!
**Der Blick des Koches war der Hammer.

Das Pulpo-Schwein

„Haben Sie Pulpo?“
„Nein, leider nicht.“
„Aber Schwein haben Sie doch, oder?“
„Ja …“
„Wieso dann kein Pulpo?“
„Was … hat denn Pulpo mit Schwein zu tun?“
„Na, das ist doch derzeit so angesagt. Pulpo-Schwein.“
„Sie meinen doch nicht etwa Pulled Pork, oder?“
„Doch, genau … ich dachte, das heißt Pulpo.“

Latte Maschego, Expressi und Schardonnöööö haben einen neuen Verwandten:
Das Pulpo Pork!!!

Situationskomik à la Sterne-Gastronomie

Gast: „Herr Ober, kommen Sie mal bitte. Also Ihre Zitronenlimonade schmeckt ja grauenhaft und eigentlich nach nichts."

Ich: „Sie haben Hummer bestellt. Das Zitronenwasser ist zur Reinigung Ihrer Finger."

Man kann sich nicht immer die Rosinen rauspicken

Der originelle Gast

Warum auch stumme Gäste keinen Tisch bekommen!

Die Logik der Gäste ist oft so spektakulär einfach, dass man erst beim Nachgrübeln darauf kommt, was der Gast meint. Oft ähnelt die Denkweise einer kindlichen, denn wenn ein Gast etwas will, was er nicht bekommt, denkt er einfach um die Ecke, um das Unerreichbare greifbar zu machen, was folgendes Beispiel zeigt:

„Wir würden gerne morgen zu viert bei Ihnen essen."
„Das tut mir leid, morgen haben wir Ruhetag."
„Das ist ok, wir sind ganz leise."

Sonntagsgäste und Fragen, die nur Menschen stellen, die sonntags essen gehen (wollen)

Gerade an Feiertagen hat man das Gefühl, dass die Gäste alle „irgendwie anders“ sind. Und es gibt tatsächlich Tage, an welchen ich mir bei der Arbeit kurze Notizen machen muss, um nicht zu vergessen, was ich alles so erlebe.

Heute war Gehirntotensonntag

Gast 1 will einen Cocktail bestellen, in welchem Cherry Heering verarbeitet wird: „Was ist denn Cherry Heering? Hat das was mit dem Fisch zu tun? Da kommt doch kein Fisch rein, oder?“

Gast 2: „Schließen Sie irgendwann?“

Gast 3: „Müssen Sie heute arbeiten oder können Sie Ostern bei Ihrer Familie verbringen?“

Gast 4 lässt sich das Wechselgeld komplett auszahlen: „Es war so schön bei Ihnen, Sie müssen damit rechnen, dass ich wiederkomme. Sie waren so nett.“

Gast 5: Reserviert um 23:30 Uhr und kommt um 00:45 Uhr mit dem Kommentar: „Wir haben uns etwas verspätet.“

Von der physikalischen Unmöglichkeit, zu viert an einem Zweier-Tisch zu sitzen oder: „So fett sind wir nicht!“

Der Additionseffekt

Gestern war es dann wieder so weit. Der Laden gerammelt voll und mitten drin ein Tisch. Er war reserviert, für zwei Personen, ein Tisch an welchem des Platzes wegen auch nur zwei Menschen sitzen können. Dann nahm das Verhängnis seinen Lauf. Die Gäste, welche in weiser Voraussicht den Tisch reserviert hatten, kamen. Doch nicht zu zweit. Vier Personen standen in lächelnder Erwartung vor mir, der Gastgeber meldete sich: „Guten Tag, wir haben auf den Namen Mayer (Name durch den Verfasser geändert) reserviert.“

„Ja, Sie haben für zwei Personen reserviert.“

„Richtig, wir haben noch spontanen Besuch von unseren Freunden bekommen, aber das ist doch kein Problem.“

„Na ja, ich habe nur einen Tisch für zwei Personen frei.“

„Dann setzen wir uns eben zu viert an den Tisch.“

„Der Tisch ist nur für zwei Personen ausgelegt.“

„Ach, wir brauchen nicht viel Platz, wir rücken etwas zusammen und kuscheln.“ *(Ja, witzig.)*

„Sie brauchen vielleicht nicht viel Platz, aber Ihre Teller, Gläser, Handys, Autoschlüssel und Handtaschen vielleicht.“

„Ach, das geht schon, wir rücken die Teller zusammen.“

„Das wird dennoch nicht passen.“

„Wieso nicht?"

„Weil die Teller zu groß sind."

„Wieso haben Sie denn keine passenden Teller?!"

„Weil unser Tischler nun mal keine passenden Teller anbietet!"

„Also wollen Sie uns da jetzt nicht platzieren?"

„Nein, weil Sie zu viert nicht an dem Tisch essen können."

„Haben Sie keinen anderen Tisch?"

„Doch, bei mir auf dem Balkon, hier sind alle besetzt."

„Dann setzen Sie doch eben andere Gäste um."

„Ich soll was???"

„Sie können doch die da vorne höflich fragen, die setzen sich bestimmt um!"

„Die essen gerade. Ist das Ihr Ernst, dass ich die fragen soll, ob die mitten im Essen aufhören, um sich umzusetzen?"

„Ja, wir haben schließlich reserviert!"

„Die anderen Gäste auch und die kamen sogar mit der angegebenen Personenzahl."

„Mein Gott, sind Sie unflexibel. Also was tun Sie nun???"

„Weiter arbeiten, mich um meine Gäste kümmern."

„Wir sind auch Ihre Gäste, wir haben reserviert und wollen jetzt einen Tisch!!!"

„ICH HABE KEINEN!!!!"

Was'n Abend.

Gäste sind zeitlos

Manchmal sind Zahlen und deren Verhältnis zur Menge einigen Gästen nicht ganz klar. Es gibt immer irgendwelche Angebote in Restaurants, deren Bedingungen man aber schon kennen sollte.

Der Ganztagestisch

Die frühlingshafte Sonne verzaubert das Restaurant mit ihrem gleißend roten Wandel hin zur Abendsonne in ein wunderliches Licht. Fast golden erstrahlt der Gastraum und verleiht der Atmosphäre eine wohlige Aura. Drei Damen setzen sich an einen Tisch in der Absicht zu speisen und studieren recht lange die Speisekarte, bis ich mich vor ihnen aufbaue, in der Hoffnung, die Bestellung annehmen zu dürfen.

Die wohl extrovertierteste der Damen sieht mich an und fragt: „Sie bieten einen Mittagstisch an?"

„Ja, immer in der Woche."

„Können wir den dreimal bestellen?"

„Nein, leider nicht."

„Wieso nicht?"

„Weil der nur bis 15 Uhr gilt."

„Aber Sie können für uns doch eine Ausnahme machen."

„Nein."

„Wieso nicht?"

„Weil es ‚Mittagstisch' heißt und nicht ‚Ganztagestisch'.

„Ja, aber der Mittagstisch ist ja viel billiger als die anderen Gerichte."

„Der Mittagstisch ist auch einfacher gestaltet und kann daher schneller serviert werden."

„Dann nehmen wir den einfach."

„Nein."

„Junger Mann, das kann doch nicht angehen."

„Doch. Der Mittagstisch ist vor allem für Geschäftsleute und zur Stammgastakquirierung."

„Dann wollen Sie uns wohl nicht als Stammgäste?"

„... ja ... doch ..."

„Na, sehen Sie."

„Sie bekommen den Mittagstisch trotzdem nicht."

„Aber wieso nicht?"

„Es ist fast 18 Uhr und so teuer sind die anderen Gerichte auch nicht."

„Aber teurer als der Mittagstisch."

„Meine Damen. Als Sie eben reingekommen sind, haben Sie da ein rotes Kreuz auf dem Dach gesehen?"

„Nein."

„Das liegt daran, dass wir nicht das Rote Kreuz sind. Entweder Sie bestellen jetzt etwas anderes als den Mittagstisch oder Sie gehen woanders hin."

„Man wird ja wohl noch fragen dürfen."

Damit bestellen die Damen endlich etwas anderes als den Mittagstisch und ich ... ich gönne mir eine Zigarette danach.

Der Cola-Köter

Pfingsten ist ein geiler Feiertag. Feiertag nicht im eigentlichen Sinne, sondern vielmehr weil man da über Gäste feiern kann. Kaum kommt die Sonne hervor und erwärmt des Menschen Kopf auf über 20 Grad, macht das Gehirn Siesta. Denn schließlich wird es auch dem cerebralen Cortex irgendwann zu warm. So sitzt die welke Rose einer alten Dame mit ihrem Hund auf der Terrasse, die auch bei 40 Grad im Schatten nicht auf ihren beigen Trenchcoat verzichten möchte, ebenso wenig wie auf den jagdgrünen Filzhut mit einer Fasanenfeder dran, die aussieht, als hätte sie diese dem armen Vogel rausgerupft, nachdem er von einem 40-Tonner auf der Autobahn zu einem vier Quadratmeter großen Vogelteppich ausgerollt worden ist, und bestellt auch für ihren einzigen Freund ein Getränk: „Können Sie in den Wassernapf noch eine kleine Flasche Cola schütten, mein Hund trinkt es sonst nicht!"
Ja, selbst dem verwöhnten, deutschen Hund ist schnödes Wasser zu normal oder ist dies wieder so ein beknackter Trend aus Amerika, damit die Pisse des Hundes beim Markieren der Hauswand schön schäumt und nach Cola riecht?

Der Sinn der Happy Hour

Heute hat ein Gast seinen Tisch zur Happy Hour storniert, weil seine Frau schlecht gelaunt ist!

Endlich einer, der kapiert, wozu die Happy Hour gut ist!

Des Bauern Frühstück

Nachdem der Gast gegessen hatte, ging ich an den Tisch, um mich danach zu erkundigen, wie es geschmeckt hat. Das Übliche. Normaler Gang.

Dann kam es:

Ich: „Wie hat es Ihnen geschmeckt?"

Er: „Ging so, das hätte ich zuhause auch so hinbekommen."

Ich: „Warum machen Sie es sich dann nicht selber?"

Er: „Weil ich dachte, dass es bei Ihnen besonders ist."

Ich: „Sie hatten ein ganz normales, klassisches Bauernfrühstück, was soll daran besonders sein?"

Er: „Na ja ... vielleicht mehr Kräuter und so ... Jedenfalls war es ernüchternd und viel zu teuer."

Ich: „Ein Bauernfrühstück ist ein Bauernfrühstück. So, wie es klassisch sein soll. Wenn Sie was anderes erwartet haben, wieso bestellen Sie dann ein klassisches Bauernfrühstück?"

Er: „Weil ich es auch anders kenne. Ich kann doch wohl erwarten, dass Sie als Gastronom kreativer sind."

Ich: „Machen können wir viel, nur das hätten Sie auch eher sagen können, wenn Sie eine Abwandlung wollen."

Er: „Das hätten Sie mir sagen müssen, bevor ich bestellte."

Ich: „Woher sollte ich es denn wissen, wenn Sie einfach nur ein Bauernfrühstück bestellen?!"

Er: „Sie fragen Ihre Gäste nicht, wie sie es möchten?"

Ich: „Nein, dann brauche ich keine Karte, sondern nur eine Zutatenliste und jeder bastelt sich sein Essen selber zusammen."

Er: „Sie sind aber unflexibel."

Ich: „Weil ich nicht wissen kann, wie Sie Ihr Bauernfrühstück wollen?!"

Er: „Eher generell."

Ich: „Generell?"

Er: „Ja, so im Allgemeinen."

Ich: „Im Allgemeinen schließen wir jetzt!"

Er: „Ich sage ja: unflexibel."

Das Kühlhaus, mein Freund – denn dank der Isolierung drangen meine Schreie nicht nach draußen!

Einfache Frage, komplett missverstanden!

„Herr Ober, zahlen bitte."
„Zusammen oder getrennt?"
„Wir sind verheiratet!"

Der Horror-Clown

Da hat ja mal einer einen Clown gefrühstückt.

Gast: „Kann man bei Ihnen mit Karte bezahlen?"

Ich: „Ja, natürlich."

Also gehe ich zur Kasse, ziehe die Rechnung und gehe mit dem Lesegerät zum Tisch. Der Gast greift in sein Portmonee und legt mir eine Pokerkarte „Pik Ass" hin.

Ich sehe ihn verwirrt an, da sagt er: „Sie haben gesagt, ich könne mit Karte zahlen."

Als ich noch ein junger Kellner war, fühlte ich mich genötigt in das schallende Gelächter einzusteigen, um dem Gast das Gefühl zu geben, es lustig gefunden zu haben. So sah ich ihn nur ausdruckslos an ...

Der Werner ist Averna

Susi hat heute wieder einen rausgeballert. Da kommt sie zu mir und sagt: „Da ist ein Gast, der Werner sprechen will. Aber wir haben doch keinen Werner."

Ich: „Was hat er denn genau gesagt?"

Susi: „Er meinte: ‚I will a Werner.' Der kommt wohl aus Bayern."

Ich zu dem Gast und ihn gefragt: „Entschuldigen Sie, aber meine Kollegin hat nicht ganz verstanden, was Sie möchten. Sie wollen einen Werner sprechen?"

Da sagt der Gast: „A schmarn, i will A Werner. An Kräuterschnaps."

Ich verstand: Averna!

Der Obstsalat pinkelnde Gast

Gast: „Können Sie mir einen Weißwein empfehlen?“

Ich: „Ja, wir haben einen Grauburgunder, der sehr fruchtig im Abgang ist.“

Gast: „Im Abgang? Ich will keinen Obstsalat pinkeln!“

Na, Prost Mahlzeit!

Der übergewichtige Rotwein

Gast: „Ich hätte gerne ein Glas Rotwein, was können Sie empfehlen?“

Ich: „Wir haben einen sehr guten Crianza, aber der ist ziemlich schwer.“

Gast: „Was wiegt er denn?“

Boah …

MUUUHHHHH

Gestern vier Chinesen. Gucken 20 Minuten in die Karte. Ich traue mich an den Tisch.

Sie: „Have you sausages?"

Ich: „No."

Sie: „Ok, have you pork?"

Ich: „No, I only have the dishes, which you can find in the menu."

Sie: „Ok, we take Schnitzel. Is that pork?"

Ich: „No, we don't have pork. That is calf."

Sie: „Calf?"

Ich: „Yes!"

Sie: „Calf? Is that pork?"

Ich: „No, that is a young cow!"

Sie: „Cow?"

Ich: „MUUUUUHHHH!"

Sie: „Ah, beef."

Ich: „No, calf!"

Sie: „MUUUUHHH."

Ich: „Yes."

Sie: „Ok, we take it. Have you fish?"

Ich: „Yes."

Sie: „German fish?"

Ich: „I'm not sure, it's possible, that they are refugees from England."

Sie: „A porridge."

Ich: „One porridge?"

Sie: „Yes."

Als der Bon fertig war, hatte auch die Küche was zum Lachen!

So dreist kommt man nicht weit

Der unbequeme Gast

Wer zuletzt lacht, ist der Kellner!

Kellner sind oft Schiedsrichter, Psychologen und Lebensberater. Wir vermitteln nicht nur zwischen sich streitenden Ehepaaren, Eltern mit Kindern oder Gästen, die sich nicht entscheiden können, wer denn nun die Gesamtrechnung zahlt. Zuweilen muss ein Kellner auch einfach nur zusehen. Zusehen, wie sich Probleme oft von selbst erledigen, bevor man überhaupt eingreifen kann:

Der Krieg der Gäste

Die Hütte gerammelt voll. Am Fenster wird ein Tisch frei. Zwei Pärchen haben bereits die Witterung des freien Tisches aufgenommen, bereit loszustürmen, um ihn für sich zu gewinnen. Davon bemerke ich zunächst nichts, als ich den Tisch abräume und sauber mache. Dann sehe ich sie! Links und rechts auf mich zustürmend. Beide Frauen setzen sich an den Tisch und dann geht es los.

Frau 1: „Also wir haben den Tisch schon vor Ihnen gesehen."

Frau 2: „Das kann nicht sein, wir sind ja schon länger hier als Sie!"

Frau 1: „Aber wir haben einem Kellner Bescheid gesagt, dass wir den nächsten freien Fensterplatz bekommen."

Beide Männer halten sich komplett raus!

Frau 2: „Wir auch und das schon vor einer Stunde."

Frau 1: „Das kann gar nicht sein, da waren Sie noch gar nicht hier und außerdem sind wir Stammgäste."

Frau 2: „Ach, und wieso habe ich Sie noch nie hier gesehen?"

Frau 1: „Weil Sie nie hier sind!"

Ich stehe nur da und beobachte den Fight, genau wie die Männer der Frauen.

Frau 2: „Also ich stehe nicht auf."

Frau 1: „Ich auch nicht."

Frau 2 kommt dann der erlösende Einfall: „Herr Ober, wer darf jetzt an dem Tisch sitzen?"

Es ist still und beide Parteien erwarten meinen Schiedsspruch. Leise, fast sonor, entgegne ich: „Keiner von Ihnen, der Tisch ist für andere Gäste reserviert."

Das war mein triumphalster Moment der Woche!

Wann ein Kellner für den Gast praktisch wie Luft ist

Wir Kellner kennen ein Prinzip, welches wir das „Zombie-Syndrom“ nennen. Es beschreibt das Verhalten des Gastes beim Betreten des Restaurants, wenn er seinen freien Tisch sucht und dabei alles um sich herum nicht mehr wahrnimmt. Nicht einmal den Kellner, der ihn begrüßt.

Das Zombie-Syndrom

Es ist noch früh am Abend, so gegen 18:00 Uhr. Ich habe vier Tische im Restaurant, als zwei Männer zur Tür hinein kommen. Ich bemerke sie, gehe auf sie mit einem freundlichen Lächeln zu, sage „Guten Abend“ und was passiert?

Wie in einem schlechten Film ignorieren mich die Herren, einer links, der andere rechts, gehen sie an mir vorbei, ohne Notiz von mir zu nehmen. Ich bleibe stehen, wundere mich, drehe mich um und sehe den Herren zu, wie sie sich einfach an einen Tisch setzen. „Gut“, denke ich mir, „läuft bei euch.“ und kümmere mich wieder um die anderen Gäste.

Nach circa fünf Minuten sehen sich die Herren irritiert um und einer ruft: „HALLO ... HALLLO!“ Als ich noch nicht ganz am Tisch bin, empört sich einer der Herren: „Werden wir auch mal bedient, wir sitzen schon seit einer Viertelstunde hier.“

Ich: „Oh, ich habe Sie gar nicht gesehen.“

Der Gast: „Wir sind direkt an Ihnen vorbeigelaufen.“

Ich: „Echt? Ne, ich habe Sie nicht gesehen.“

Der Gast: „Behandeln Sie alle Gäste so?“

Ich: „Ignorieren Sie alle Kellner, die Sie mit ‚Guten Tag' begrüßen?"

Der Gast: „Ich habe Sie nicht wahrgenommen und außerdem bezahle ich Ihr Gehalt."

Ich: „Dann möchte ich von Ihnen jetzt 1300 Euro!!!"

Der Gast: „Bitte???"

Ich: „Sie haben gerade gesagt, dass Sie mein Gehalt bezahlen, also bitte."

Der Gast: „Na ja, vielleicht nicht das Ganze, aber ohne uns sind Sie pleite."

Ich: „Ach, also wollen Sie beide so viel verzehren, dass ich diesen Monat mit einem Plus abrechne?"

Der Gast: „Ach, Schluss jetzt, wir wollen was bestellen."

Ich: „Dann bestellen Sie sich ein Taxi!!!"

Gästewüste Deutschland und die Erkenntnis:

LASS DIR NIX GEFALLEN!

Der Kellner sieht nicht, wenn Sie winken? Erfahren Sie jetzt, warum Sie unsichtbar sind.

Der unsichtbare Gast ist jemand, welcher sich vom Kellner vernachlässigt fühlt. Aber warum ist das so? Wann wird ein Gast für den Kellner unsichtbar? Ganz einfach: entweder weil unglaublich viel zu tun ist oder weil der Gast eklatante Fehler macht, um auf sich aufmerksam zu machen.

Man darf eines dann nicht vergessen, wenn es im Restaurant gerade super voll ist: Auch Kellner haben nur zwei Arme und zwei Beine und können sich nicht nach Belieben klonen. Auch wenn der Kellner sieht, dass Sie etwas von ihm wollen und er nicht sofort bei Ihnen ist, hat er Sie in der Regel bemerkt und arbeitet zunächst einmal andere Bestellungen ab. Gäste neigen leider zu oft zu der Ansicht, dass ein Kellner sofort Gewehr bei Fuß stehen muss, wenn ein Gast winkt, aber das ist oft nicht möglich. Erfahrene Gäste heben daher dezent die Hand, oft reicht aber auch ein kurzer Blickkontakt und geduldiges Warten, bis der Kellner sich um ihn kümmert. Ungeduldige Gäste machen leider oft Fehler, mit denen sie den Unmut des Kellners provozieren, der sich dann bei ihnen mit erhöhter Wartezeit und Ignoranz rächt.

Zum Beispiel:

Sie haben gepfiffen? Haben Sie Ihren Hund verloren?

Sie haben geklatscht oder galt der Applaus mir?

Sie haben geschnipst und halten mich für Ihre Frau?

Ich heiße nicht „Ey“ oder „Hallo“ oder steht das auf meinem Namensschild?

Sie verfolgen den Kellner regelrecht durch das Restaurant, um die Bestellung mobil aufzugeben?

Sie geben Ihre Bestellung bei verschiedenen Kellnern ab, und wundern sich, wenn Ihre Bestellung dann doppelt oder dreifach serviert wird?

Haben Sie Geduld und zeigen Sie Verständnis! Jeder Kellner ist bemüht, Sie so schnell es geht zu bedienen! Je mehr Druck Sie ausüben, umso langsamer werden Sie bedient. Die oben stehenden Beispiele habe ich selbst erlebt und reagiere darauf immer gleich: mit Nichtbeachtung.

Ungebetene Gäste und deren Sozialkompetenz

Der Terrassen-Terror

„Ich weiß, dass Sie erst noch die Terrasse aufbauen müssen, aber dürfen wir trotzdem was bestellen?"

„Geben Sie mir einfach noch ein paar Minuten, bis ich fertig bin, ja?!"

„Wir holen es uns auch selber."

„Moment ..."

Schnell rein gelaufen, 'ne Schürze geholt und dem Gast auf den Tisch gelegt.

„Was soll ich mit der Schürze?"

„Wenn Sie sich Ihre Getränke schon selber holen wollen, können Sie auch gleich bei uns anfangen."

Die flexiblen Öffnungszeiten

Gerade in dem Moment, wenn du die Tür schließen und Feierabend machen willst, kommen sie: die späten Gäste.

„Ach, Sie schließen jetzt?"

„Ja."

„Wir wollen nur ein schnelles Bier trinken und sind dann wieder weg."

„Tut mir leid, wir machen jetzt Feierabend."

„Also, Sie werden doch wohl für uns eine Ausnahme machen wollen, oder?"

„Nein!"

„Dann wollen Sie wohl unser Geld nicht?“

„Geld ersetzt mir die Zeit mit meiner Familie auch nicht.“

Die mit Sitzfleisch

„Verzeihen Sie, aber wir schließen in einer Viertelstunde.“

„Oh, Sie machen Feierabend?“

„Genau.“

„Wie lange haben Sie denn gearbeitet?“

„Circa zehn Stunden.“

„Dann haben Sie sich Ihren Feierabend verdient.“

„Nach dem heutigen Tag, ganz sicher.“

„Gut, dann nehmen wir jeder noch ein großes Bier.“

„Und das wollen Sie in einer Viertelstunde ausgetrunken haben?“

„Nein, aber für Sie kommt es doch auf eine halbe Stunde mehr auch nicht mehr an.“

DANKE!!!

Du willst die Kellnerin anbaggern? Vergiss es!

Die schlimmsten Anmachsprüche von Gästen

„Ich hätte gerne die Rechnung und Ihre Telefonnummer."

„Ich würde gerne was zu essen bestellen und als Dessert Ihre Kollegin."

„Kann ich Sie als Zimmerservice bestellen?"

„Was machen Sie denn nach Feierabend?"

„Darf ich Sie vielleicht auch mal bedienen?"

„Nehmen Sie statt Trinkgeld auch eine Einladung zum Essen?"

„Also Sie haben was Besseres als diesen Job verdient, rufen Sie mich doch mal an."

„Ach Sie kellnern nur nebenbei, in Wahrheit sind Sie sicher Model!"

Viele Herren der Schöpfung empfinden es wohl als sehr kreativ, für die Kellnerinnen ist es aber Alltag und eine professionelle Kellnerin würde ohnehin niemals einem Treffen mit einem Gast zustimmen.

Mama Knäckebrot

Das war ein schöner Tag, die Sonne schien bei mildem Winde auf mein Restaurant hernieder, Gäste wie gemalt und alles innerhalb normaler Parameter als drei Muttis mit ihren Ablegern hereinstürmten. Die Kinder machten schon von Weitem klar: Ruhe ist nun ausverkauft. Die Blagen waren bummelig vier Jahre alt, im besten Alter also den armen Kellnern zu zeigen, wo die Grenzen des Benehmens sind. Während die Muttis sich über Rückbildungsgymnastik und musikalische Frühbildung unterhielten, beschlossen die Waldorf-Terroristen in Ausbildung das Restaurant zu erkunden ... auf eigene Faust ... ohne Muttis prüfende Blicke, ob es dem Schützling allein in der Wildnis gut ergeht. Sie rannten umher, bald hier, bald da, aber immer im Weg des hereilenden Kellners, beladen mit Suppen und allerlei Heißem. Bis dem Chef (also meiner Wenigkeit) der Rummel zu viel wurde und den Dialog mit den Muttis suchte.

„Würden Sie so nett sein, darauf zu achten, dass Ihre Kinder bei Ihnen in der Nähe bleiben?"

Mutti: „Wieso?"

„Weil die Kinder im Servicebereich rumlaufen und das zu gefährlich ist."

Mutti: „Was soll denn passieren?"

„Na ja, wir laufen hier mit Suppen und heißen Tellern rum und wenn uns Ihre Kinder in den Weg rennen, befürchte ich, dass sie sich verletzen könnten, sollten wir zusammenstoßen."

Mutti: „Dann müssen Sie doch aufpassen, dass es nicht passiert."

„Tun wir ja, aber Sie lassen Ihre Kinder hier unkontrolliert laufen."

Mutti: „Wollen Sie damit sagen, dass wir nicht auf unsere Kinder aufpassen?"

„Nein, ich will damit sagen, dass Ihre Kinder in einem Bereich rumlaufen, den wir nutzen, um Essen an den Tisch zu bringen."

Mutti: „Dann müssen Sie vorsichtig sein, immerhin sind wir ja Gäste hier."

„Ja, aber wenn wir viele Teller tragen, können wir auch mal ein Kind übersehen."

Mutti: „Also Sie können nicht von uns erwarten, dass wir unsere Kinder anleinen oder auf dem Stuhl festbinden."

„Das will niemand, ich will nur, dass die Kinder nicht in unserem Servicebereich spielen."

Mutti: „Unsere Kinder sollen sich nicht gezwungen fühlen, sie sind es auch nicht gewohnt still zu sitzen, wir leben nicht mehr im Mittelalter."

„Ein Restaurant ist aber kein Spielplatz."

Mutti: „Das habe ich nicht behauptet. Meine Kinder sollen sich entfalten, egal wo sie sind."

„Bei dem Übergewicht, das Ihr Kind hat, hoffe ich, dass es sich nicht mehr zu viel entfaltet, nicht dass der Boden noch nachgibt."

Mutti: „Was war das gerade?!"

„Das war gerade ehrlich. Wir sind ein Restaurant und kein Spielplatz. Wir nehmen Ihnen sicher nicht die Aufsichtspflicht ab, nur weil Sie mit einem Restaurantbesuch einen Vorwand haben, nicht auf die Kinder aufpassen zu müssen, oder glauben Sie, dass die Kellner hier Aushilfserzieher sind?"

Mutti: „Ich hoffe, Sie bekommen nie eigene Kinder, so wie Sie drauf sind!"

„Ich bin froh, nie so 'ne Knäckebrot-Mutti wie Sie gehabt zu haben."

Na ja ...

Die iPhone-Idiotie

Die noch nicht ganz sommerliche Sonne schien sich glatt zu weigern, nach einem schönen Tag nun am Horizont unterzugehen, als sich das Restaurant allmählich füllte. Unter den vielen Gästen saß ein Pärchen. Die Dame mittleren Alters legte, wie es wohl heutzutage normal ist, ihr Handy auf den Tisch. Ich schenkte Wasser ein und dann nahm das Verhängnis seinen Lauf. Beim Einschenken flogen ein paar kleine Tropfen Wasser auf das Display des iPhone 6. Lediglich winzige Spritzer, die entstehen, wenn man Mineralwasser einschenkt, groß genug jedoch, um bei der Dame einen mittleren Herzinfarkt auszulösen.

„Können Sie nicht aufpassen?!"

„Tut mir leid."

„Wissen Sie, was so ein Handy kostet?"

„Nein."

„Sicherlich so viel, wie Sie in einem Monat verdienen!"

„Dann war es sicher nicht teuer."

„Bitte?! Das Handy hat 800 Euro gekostet!!!"

„Und dann kann es ein paar Tropfen Wasser nicht ab?"

„Das ist hochempfindlich!"

„Genau wie Sie, wollen Sie einen Jägermeister?"

„Werden Sie mal nicht unverschämt, wenn mein Handy kaputt ist, können Sie es mir ersetzen!"

„Wegen zwei Tropfen Wasser???"

„Kann ja passieren!"

„Verzeihen Sie, aber Sie haben da ein wenig selber schuld, oder?"

„Unglaublich, nein, wieso, Sie haben ja das Wasser eingeschenkt!"

„Wissen Sie, was mir meine Mutter mal beigebracht hat? Am Essenstisch wird nicht gespielt, ergo gehört auch kein Spielzeug auf den Tisch."

„Das ist kein Spielzeug, sondern ein Arbeitsgerät! Sie sind ja frech, ich werde mich bei Ihrem Chef beschweren."

„Ich bin der Chef."

„Sie werden doch wohl einen Vorgesetzten haben?!"

„Nur zwei: meine Frau, die ist zuhause, und Gott, der hat Urlaub."

„Ich will die Rechnung haben und dann gehen wir."

„Darf ich Ihnen noch eine kleine Wiedergutmachung aufs Haus spendieren?"

„Nein, ich verzichte!"

„Es tut mir wirklich leid, ich wäre dankbar, wenn Sie es annehmen."

„Na gut, was denn?"

„Etwas Niveau und Benehmen, daran haben Sie einen großen Mangel, und nein, Sie brauchen sich nicht zu bedanken, geht wirklich aufs Haus."

Das Beste an der Nummer war der Mann, der sich die ganze Zeit raushielt und sich das Lachen kaum verkneifen konnte, bis seine Frau ihn scharf ansah und er schwieg.

Und wenn sie nicht gestorben ist, trocknet das Handy noch heute ...

Die Tresenschlampe

Ich stand den Tag über am Tresen, um Bier zu zapfen, Hugo und Aperol Spritz aus'm Kanister zu ziehen und Weinschorlen sauer zu mischen, als ich während meiner konzentrierten Tätigkeit vor mir eine Stimme vernahm, die wohl zu mir sprach: „Wir hätten gerne zwei Bier, wir sitzen irgendwo dahinten!"

Ohne meine Augen von den Händen zu nehmen, nicht gewillt auch noch die Gesichtszüge des Gastes mit der Stimme in Verbindung zu bringen, entgegnete ich nett aber bestimmt: „Bitte bestellen Sie Ihre Getränke beim Servicepersonal am Tisch!"

Die Stimme des Gastes, der sofort eine Antwort parat hatte, wurde energischer, was mich nur noch mehr dazu veranlasste, ihn nicht anzugucken: „Ja, aber es kommt ja niemand und wir warten schon seit geraumer Zeit!"

Anmerkung nebenbei: Wenn ein Gast sagt, dass er seit geraumer Zeit wartet oder in diesem Sinne antwortet, weiß jeder, dass er erst vor zehn Sekunden angekommen ist. Warum? Weil ein Gast, der normal ist, in einem vollen Restaurant auch gerne wartet und nicht zum Tresen rennt, um dort wie in einer Disko zu bestellen, aber weiter im Text:

„Meine Kollegin wird auch zu Ihnen kommen", sagte ich nun leicht genervt.

„Die serviert ja an allen anderen Tischen, nur nicht an unserem!"

„Meine Kollegin kann bei Ihnen ja auch noch nichts servieren, weil Sie noch nichts bei ihr bestellt haben."

„Wie auch, wenn sie uns ignoriert?!!!"

Dann ... Ja, dann sah ich den Gast doch an. Ich blickte in das Gesicht eines etwa 55–60 Jahre alten Mannes, mit Halbglatze, einer Brille, die verriet, dass er mindestens drei Dioptrien hatte, und einem in Grün- und Brauntönen feinkarierten Sakko, das Mode war, als Bismarck noch ein kleiner Junge war. Ich blickte ihn also an und deutete auf die Masse an halbgefüllten Gläsern und die Bons, die so lang wie das Telefonbuch von Berlin waren: „Sehen Sie mal, das sind alles bestellte Getränke, das heißt, dass Gäste, die am Tisch bestellt haben, darauf warten. Machen Sie das doch auch und reihen Sie sich ein."

„Aber das dauert ja ewig, deswegen wollte ich am Tresen bestellen, sodass es schneller geht!"

„Geht es nicht, schon weil Sie sich vordrängeln!"

„Das tue ich doch gar nicht!"

„Doch, das ist wie im Supermarkt: hinten anstellen und warten, bis man dran ist. Das macht man auch beim Arzt so, da gehen Sie auch nicht hin und sagen, dass Sie nur eine leichte Arthritis haben und schnell mal vor wollen. Warum tun Sie es dann hier?"

„Wir wollen doch nur zwei kleine Bier, da sind ja welche fertig, die können Sie mir gleich in die Hand geben!"

„Nehmen Sie lieber Ihre Beine in die Hand! Schönen Tag Ihnen!"

Das Veteranen-Schnitzel

Es ist früher Vormittag, als eine alte Dame bei mir im Laden sitzt; sie muss so um die 80 Jahre alt sein. Sie kommt des Öfteren und trinkt nur ein Alsterwasser, wir klönen ein wenig und sie erzählt mir oft von früher, wie es vor 50 oder 60 Jahren am Hafen aussah. Doch heute Vormittag überrascht sie mich mit einer Frage, mit welcher ich so gar nicht gerechnet habe: „Junger Mann, haben Sie Veteranen-Schnitzel?"

Ihr kennt das: Wenn man etwas nicht kennt, denkt man einige Sekunden nach, wobei einem ein Haufen abstruse Bilder in den Kopf schießen. Mein erster Erklärungsversuch ist eine Alternativzubereitung aus der unmittelbaren Nachkriegszeit, eine Art „Arme-Leute-Rezept" oder dergleichen.

Ich weiß es nicht und sage es der Dame auch; die antwortet: „Sowas scheint es ja zu geben, kennen Sie es nicht? Ich bin mir sicher, dass es das gibt, zumindest in anderen Restaurants!"

Ich frage sie, ob sie mir sagen kann, wo und ob sie mir beschreiben kann, was es ist?

„Nein, ich weiß nicht, was es ist, aber es scheint was Neumodisches zu sein, früher gab es das nicht. Aber meine Enkelin, die isst das gerne. Vorgestern hat sie ein Veteranen-Schnitzel für mich gemacht, aber das schmeckte überhaupt nicht. Die Kinder scheinen einen anderen Geschmack zu haben als wir früher."

Ich verstehe es immer noch nicht und frage abermals nach einer Beschreibung dieses Gerichts, da meine Neugierde geweckt ist.

„Also eigentlich ist es ja kein Schnitzel, weil da kein Fleisch dran ist! Und so schmeckt es auch, aber das wollte ich meiner Enkelin nicht sagen."

Da fällt es mir wie Schuppen von den Augen und ich begreife: „Meinen Sie vielleicht veganes Schnitzel?"

Die Dame sah mich einen Moment an: „Ja ... Kann auch so heißen, ich dachte immer, es heißt Veteranen-Schnitzel. Warum das aber so heißen sollte, weiß ich auch nicht, heute ist ja alles bannig seltsam!"

„Ja, Ihre Enkelin meinte veganes Schnitzel, Sie haben das falsch verstanden!"

Und dann lachen wir, lachen, lachen. Das ist das Niedlichste seit Langem und rettet mir den Tag.

„Sie haben da ja einen Afrikaner in der Küche, wo kommt denn der her?"

„Mein Kollege kommt aus Elmshorn, wieso?"

„Ach nein, ich meinte doch, wo der eigentlich herkommt, also sein Ursprungsland?"

„Togo."

„Ah, dann ist er ja praktisch Deutsch, Togo war ja mal unsere (!!!) Kolonie."

„Er ist auch so Deutscher."

„Na ja, nicht richtig ..."

„Wo kommen Sie denn her?"

„Also, ich komme aus Uetersen, aber ursprünglich aus Ostpreußen."

„Oh wie schön, aus Ostpreußen, dann waren Sie ja auch mal Deutsch!"

„Wie meinen Sie das denn, ich bin immer noch Deutsch!"

„Sehen Sie, genauso wie mein Kollege aus Togo. Sie wollten zahlen?!"

Gastronomie schult die soziale Kompetenz oder doch die Ignoranz???

Als Kellner sieht man die Welt mit anderen Augen. Man ist viel empfänglicher für stupides Denken und unlogisches Handeln vieler Menschen. Warum? Weil Gastronomen sehr strukturiert und organisiert arbeiten müssen, damit sie zum einen nicht „untergehen" und zum anderen so viele Beschwerden wie möglich vermeiden können. Man versucht also allein schon durch ein erhöhtes Maß an sozialem Denkvermögen, die Gäste auch auf menschlicher Ebene zufrieden zu stellen. Dass man das auch auf sein Privatleben reflektiert, ist normal und man verbindet sein Arbeitsdenken auch mit alltäglichen Situationen:

Gastronomie ist überall

Ich sitze im Bus, das erste Mal seit langer Zeit fahre ich mit öffentlichen Verkehrsmitteln. Während der Bus an der nächsten Haltestelle neue Fahrgäste aufnimmt, träume ich aus dem Fenster. Plötzlich höre ich eine sonore, gleichwohl alte Stimme sagen: „Ich will da sitzen!"

Ich reagiere ob der Träumerei erst nicht, doch bei der Wiederholung schaue ich schließlich auf und sehe neben mir eine energische, alte Dame. „Ich will da sitzen!", wiederholt sie erneut und ich bin perplex. Bar einer vernünftigen Einordnung des Gesagten, antworte ich nur: „Was?"

„Ich will da sitzen!", kommt es zum dritten Mal. Ich sehe mich um und erblicke schnell hier und da freie Plätze. Ich sitze am Fenster und mir wird klar, dass die olle Trümmertrude es auf meinen Platz abgesehen hat.

Ich entgegne: „Wir sprechen im ganzen Satz ‚Ich MÖCHTE BITTE auf Ihrem Platz sitzen.'"

Die Oma: „Also die jungen Leute wieder, rotzfrech und rücksichtslos gegenüber alten Leuten!"

Ich: „Sie sind hier die unverschämte Person, würden Sie freundlich fragen, wäre es kein Problem, aber so?! Vergessen Sie es!"

Die Oma: „Ich habe einen Behindertenausweis."

Ich: „Das glaube ich Ihnen aufs Wort."

Die Oma: „Das ist ja ... Das lasse ich nicht auf mir sitzen!"

Ich: „Ne, Sie stehen ja auch!"

Wir debattieren solange, bis sie schließlich zwei Haltestellen später schimpfend aussteigt.

Zivilcourage ist dann doch oft Sache der Verhältnismäßigkeit!

Bewertungsportale und ihre Folgen oder warum es keine Fünf-Sterne-Restaurants gibt

„Wir gehen normalerweise in 5-Sterne-Restaurants."

Wo soll ich am Sonnabend mit meiner Frau essen gehen? Welches Restaurant ist gut, welches nicht? Stimmt das, was mein Arbeitskollege über den Griechen um die Ecke sagte oder ist es nur seine Meinung? Unsicherheit und Unkenntnis sind bei der Wahl des richtigen Restaurants ein Hemmnis und was bleibt, ist der Besuch beim Restaurant um die Ecke, da schmeckt das Essen zwar nicht immer, aber man weiß wenigstens, was einen erwartet. Oder man sieht einfach mal in Bewertungsportalen nach. Yelp, Tripadvisor oder ähnliche Seiten im Internet bieten den schnellen Austausch von Bewertungen. Vereinfacht kann man dort Sterne verteilen, von einem für ganz miese Absteigen bis fünf für absolute Gourmettempel. Aber wie genau sind diese Bewertungsportale und wie zuverlässig sind die Wertungen? Einfache Antwort: Gar nicht! Jeder, der will, kann anonym jedes x-beliebige Restaurant gut oder schlecht bewerten, das eigene Empfinden und die eigene Wahrnehmung sind hierbei übergeordnet. Objektiv geht es daher nur selten zu, weil Bewertungsportale einen großen Vorteil haben: Sie sind weit verbreitet und gut vernetzt. Das hat Folgen: Jeder Gast kann dank dieses Mediums Restaurantkritiker spielen und so ohne Probleme schlechte Betriebe hochloben oder eben auch gute total vernichten. Es ist keine Seltenheit, dass Restaurants auf Grund von Denunzierungen pleitegegangen sind, denn sie lassen sich auch hervorragend als Rachemedium, als Onlinepranger und Moloch subjektiver Empfindungen missbrauchen. Ich habe es selbst erlebt, dass kleine Beschwerden im Restaurant zu übelsten Schimpftiraden im Internet wurden. Kaum einer traut sich wirklich, seine Beschwerden so ehrlich es geht direkt dem Verantwortlichen in einem Restaurant mitzuteilen. Es kommt aber auch vor, dass Gäste in Bewertungsportalen schreiben, sie wurden unfreundlich aus dem Restaurant geworfen, in Wahrheit aber gab es nur keinen freien Tisch mehr. Oder: Der Garpunkt des Rinderfilets stimmte nicht, was Gäste dann dazu animiert, im Internet den kompletten Abend zu kritisieren. Ich habe den Eindruck, dass viele Gäste vor dem heimischen Rechner sitzen und sich sehr wichtig dabei vorkommen, möglichst viel Negatives, möglichst professionell zu veröffentlichen. Was daraus resultiert, sind die haarsträubendsten Mängel, die aufgedeckt werden. Aus meiner Zeit in der Hotellerie habe ich einige Beispiele, an die ich mich auch nach Jahren noch erinnere:

„Die Schreibtischlampe wirft ungünstig ihren Schatten, sodass ich nicht richtig schreiben kann."

„Nachdem ich das Doppelbett von der Wand schob, entdeckte ich dahinter Staubreste."

„Der Wein in der Minibar schmeckte leider überhaupt nicht, das kenne ich von 5-Sterne-Häusern anders!"

„Die Musik im Fahrstuhl war viel zu leise und auch noch unpassend."

„Man kann in einem Luxushotel einen Raucherbereich erwarten, anstatt seine Gäste zu zwingen, vor die Tür zu gehen!“

„Der Straßenverkehr in der Nacht vor dem Hotel war unzumutbar.“

„Das Hotelzimmer war viel zu klein, um darin Sport zu machen. Auch nachdem ich alle Möbel an die Wand schob, genügte der Platz nicht.“

„Wir waren am Sonnabendmorgen um 10 Uhr beim Frühstück. Der Frühstücksraum war dermaßen mit Menschen überfüllt, dass an ein gemütliches Essen nicht zu denken war. Leider dauerte es auch volle fünf Minuten, bis wir endlich den Kaffee bekamen.“

„In der Tiefgarage war es unangenehm kalt.“

„Die Rezeption war nur mit zwei Mitarbeitern besetzt und die Schlange der eincheckenden Gäste vor uns war so lang, dass wir geschlagene 15 Minuten warten mussten, ehe wir eingecheckt wurden. Man hat uns angeboten, das Gepäck aufs Zimmer bringen zu lassen, was ebenfalls fast 15 Minuten dauerte. Dafür geben wir nur 2 Sterne.“

„Beim Zimmerservice war besetzt, sodass wir mehrmals versuchen mussten anzurufen.“

„Die Klimaanlage war zu leistungsschwach, sodass wir zusätzlich die Fenster öffneten, was aber auch nichts brachte.“

„Das W-Lan war zu langsam, um sich Pornos anzuschauen und arbeitete nicht fehlerfrei!"

„Die Wände sind so dünn, dass man nachts hört, was das Pärchen neben uns im Zimmer macht. Wir verlangten ein anderes Zimmer, aber da das Hotel angeblich ausgebucht war, zwang man uns dem Treiben weiter beizuwohnen."

Das Bewerten mit Sternen ist die einfachste und am häufigsten anzutreffende Art der Bewertung, was zur Folge hat, dass viele Gäste nicht verstehen, dass eine 5-Sterne-Bewertung nicht automatisch auch bedeutet, dass ein Restaurant oder Hotel auch tatsächlich mit 5 Sternen klassifiziert wurde. Dabei muss man ganz klar zwischen Hotels und Restaurants unterscheiden. In Deutschland vergibt der Deutsche Hotel- und Gaststättenverband (DEHOGA) die begehrten Messingplaketten mit der jeweiligen erstrebten Sterneanzahl. Hierbei werden Kriterien kontrolliert, die ein Hotel haben muss, um einer bestimmten Sternekategorisierung zu genügen. Etwa eine rund um die Uhr besetzte Rezeption, eine Tiefgarage oder auch Kosmetikspiegel mit Lupe im Bad. Ein Hotel mit 5 Sternen erfüllt alle Kriterien, die vorgeschrieben sind, ein Gast kann also auf diesem Niveau auch bewerten. Ein 2-Sterne-Hotel hat demnach weniger Luxus und weniger Ausstattung und so kann man das Hotel schlecht kritisieren, nur weil es keine Tiefgarage oder Kosmetikspiegel hat.

Bei Restaurants ist es völlig anders. Hierbei kann ein Betrieb maximal drei Sterne erlangen. Die Sterne werden in den meisten Fällen von Michelin vergeben, nachdem ein Restauranttester inkognito das Essen verkostete.

Genügt es den Vorgaben von Michelin, erhält der Koch einen Stern. Steigert er die Erwartungen nicht nur vom Essen, sondern auch vom Service, kann er einen zweiten und sogar einen dritten Stern erhalten. Es gilt dann wie auch bei den Hotels, den erreichten Standard zu halten. Schafft er es nicht, verliert er die Sterne. So mancher Koch reagierte auf den Verlust eines oder mehrerer Sterne mit Suizid.

Es gibt also demnach keine 5-Sterne-Restaurants, nur weil welche in Bewertungsportalen mit fünf Sternen bewertet wurden und auch Restaurants in einem 5-Sterne-Hotel sind keine 5-Sterne-Restaurants. Um es noch etwas verwirrender zu machen: Ein 5-Sterne-Hotel kann ein 2-Sterne-Restaurant betreiben, genauso möglich – aber eher unwahrscheinlich – ist es, dass ein 2-Sterne-Hotel ein 3-Sterne-Restaurant betreibt.

Gesammelte Werke

Das Eis ist zu kalt!

Ne, Freunde, jetzt drehen die Leute durch. Ich habe mich lachend auf dem Klo verschanzt, um das jetzt zu schreiben:

Bestellt eine Frau einen Eisbecher und beschwert sich: „Das Eis ist viel zu kalt, gibt es das auch etwas wärmer?“

„Klar, wir können Kocheis servieren oder auch gedünstetes Vanilleeis.“

Hat sie nicht kapiert, fand sie aber auch so nicht lustig!

Ohne Diesel, keine Leistung

Ich schiebe Terrassendienst und trinke einen Schluck Wasser, als ich eine Stimme von der Seite rufen höre: „Bekommen wir auch noch was zu trinken oder denken Sie immer nur an sich?“

Ich drehe mich langsam zum Gast und rufe zurück: „Kellner funktionieren leider noch nicht mit Diesel.“

Danach habe ich noch ein paar Minuten genüsslich weiter getrunken.

Das Hochsee-WLAN

Heute mit meiner Frau einen Segeltörn gemacht. Höre ich, wie ein Gast einen Deckmann fragt: „Haben Sie kein WLAN an Bord?“

„Nein, das Schiff ist von 1910, da gab es noch kein WLAN."

„Ja und, das kann man einbauen! Man hätte uns sagen können, dass es hier kein WLAN gibt."

Und jetzt die Hammerantwort vom Decksmann: „Genießen Sie die Fahrt, sonst schenke ich Poseidon Ihr Handy!"

So geil, ich habe ihn darauf angesprochen, nachdem mein Lachanfall vorüber war, und wir haben uns köstlich amüsiert!

Das Zwei-Mann-Buffet

Ein junges Pärchen reserviert zum Probeessen für die bevorstehende Hochzeit. Sie kommen rein, gucken enttäuscht und die Frau fragt leicht irritiert: „Wir sind zum Probeessen hier und wollten ein Buffet verkosten, wo steht es denn?"

Ich: „Wir haben ein paar Gänge als Tellergericht vorbereitet."

Sie: „Ach so, wir dachten, Sie bauen ein kleines Buffet auf."

Ja, klar. Für zwei Personen. Mit Miniplatten und Mini-Chafis. Alles mini. Ein Zwei-Personen-Buffet.

Die Wetter-App

Gestern auf der Terrasse, kurz vor dem Gewitter. Acht ältere Herren kommen. Schieben sich Tische zurecht und setzen sich. Ich gehe hin, sagt einer gleich:

„Wir wollen essen."

Ich: „Ich schließe jetzt die Terrasse, weil es gleich ein Unwetter gibt." Dabei deute ich auf Nordosten über die Elbe.

Er zieht sein Handy aus der Tasche und hält mir seine Wetter-App unter die Nase: „Da steht nix von Gewitter, nur stark bewölkt."

Ich: „Ok, wenn Sie meinen."

Und dann, keine zehn Minuten später, bricht das Unwetter los. Die Herren springen auf und stürmen ins Restaurant. Da außer den Acht alle zuvor auf der Terrasse sitzenden Gäste auf mich hörten und reingingen, war das Restaurant gerammelt voll.

Er: „Wo können wir denn jetzt sitzen?"

Ich: „Nirgends, jetzt ist es voll."

Er: „Dann warten wir."

Ich: „Lohnt nicht, für acht Personen wird erstmal nix mehr frei."

Dann begannen die Herren wild durch die Gegend zu pöbeln, bis ich Folgendes sagte: „Zwei Möglichkeiten. Erstens: Sie pöbeln weiter und ich schmeiße Sie sofort raus. Oder zweitens: Sie benehmen sich und dürfen warten, bis der Schauer vorüber ist."

Hat geklappt, dann war Ruhe!

Doctor Flexible

Über drei Stunden habe ich dafür gebraucht, für 150 Personen festlich einzudecken. Dann kommt sie. Die Gastgeberin. Telefonierend. Beladen mit Schnickschnack. Dann, nachdem sie zu Ende telefoniert hat:

Sie: „Also, ich habe gerade mit meiner Schwester telefoniert, sie würde nun doch aus Maastricht kommen. Wir brauchen also noch fünf Plätze mehr."

Ich: „Das passt nicht."

Sie: „Also enger können Sie es nicht mehr stellen?"

Ich: „Nein."

Sie: „Dann sollten wir doch keine Tafeln nehmen, sondern eine I-Form oder mehrere kleine Tafeln."

Ich: „... Sie wollen in drei Stunden den Sektempfang starten! Wir schaffen es nicht, alles neu zu stellen und einzudecken."

Sie: „Sie machen das schon."

Ich: „Nein, mache ich nicht."

Sie: „Ja, soll ich meine Schwester jetzt Ihretwegen ausladen?"

Ich: „Sie haben 150 Personen angemeldet und ich habe Ihnen gesagt, dass mehr auch nicht passen. Egal, wie wir es stellen oder schieben, es geht nicht mehr."

Sie: „Lassen Sie sich eben was einfallen oder wir feiern woanders!!!"

Sehr geil, mit 150 Personen einfach spontan irgendwohin zum à la Carte.

Hat einer von euch noch einen Tisch für 150???

Gastronomicus' Rätsel des Tages

Was macht man als Gast, wenn auf der Toilette das Toilettenpapier alle ist und keiner dem Service Bescheid sagt, damit er welches nachbestückt?

... Idee ...????

... Richtig!

MAN NIMMT SEINE STOFFSERVIETTE MIT UND WISCHT SICH DAMIT DEN ARSCH AB!!!!!

Und was lernen wir daraus?

Stoffservietten lassen sich schwer runterspülen und wenn doch, verstopfen sie den Abfluss!

Danke an den Klappskalli, der mir den Tag gerettet hat!!!

Buffets – die Lebensmittelverbrenner der Konsumgesellschaft!

Buffet. Alle nett. Nur eine nicht. Die eine Person, die scheiße ist. Wo alle anderen nett sind. Aber eine Quotenpatientin, die die Fahne hochhält. Buffet fast leer. Kommt die Trulla zu mir und fängt an zu meckern:

„Sehen Sie das?"

„Was?"

„Wie das Buffet aussieht."

„Ja, fast leer."

„Dann legen Sie noch nach, schließlich zahlen wir dafür."*

„Es ist keiner mehr am Essen, deswegen."

„Wie auch, wenn alles leer ist? Da wollen noch einige Gäste was nehmen."

„Gut, dann füllen wir auf."

Also ab in die Küche, Köche nachlegen lassen. Fünf Minuten später sah das Buffet aus, als würde die Veranstaltung gerade erst beginnen.

Dreißig Minuten später: Das Buffet sieht immer noch so aus wie vorher.

Nochmal dreißig Minuten später: Das Buffet sieht immer noch aus wie dreißig Minuten vorher. Also gehe ich zu der Meckerziege.

„Essen Sie denn noch was vom Buffet?"

„Nein … ich denke, wir sind alle durch!"

„Also können wir abräumen?"

„Tun Sie das!"

„Sie wissen schon, dass wir das nun alles wegwerfen?!"

„Ja und? Wir haben das ja schließlich bezahlt!!!"

Ganz ehrlich Freunde!!! Wir schmeißen Tonnen an Lebensmitteln im Jahr weg, welche einwandfrei sind, weil wir im Überfluss leben. Weil es Gäste wie die beschriebene Ziege gibt, für die es untragbar ist, wenn etwas leer ist. Lieber wegschmeißen als vor einem halb leeren Buffet stehen und mit der Bezahlung argumentieren, während Menschen in derselben Stadt am Existenzminimum leben.

Und das ist gastronomischer Alltag! Buffets sind Lebensmittelvernichtungsveranstaltungen, bei welchen im Schnitt fast die Hälfte am Ende entsorgt werden muss! Warum? Weil Buffets oft so umfangreich in der Vielfalt der angebotenen Speisen sind, dass die Gäste unmöglich alles wegessen können. Platten werden oft überladen angerichtet, um möglichst wenig nachzulegen und schließlich isst das Auge ja auch mit. Ich ärgere mich jeden Tag mehr darüber und frage mich, ob ein Konzept hermuss, das zu ändern! Müssen Buffets so umfangreich sein? Reicht es nicht, weniger Speisen anzubieten, auch auf die Gefahr hin, dass nicht alle Geschmäcker vollumfänglich befriedigt werden? Ist es nötig, dass von allem mehr als gebraucht vorbereitet wird, nur aus Angst, es könnte was leer gehen?

Die wenigsten Gäste denken darüber am Ende nach, was alles in der Schweinetonne landet, und ich denke, sie interessiert es auch nicht. Dennoch sollte man Gäste vielleicht dahingehend sensibilisieren, um wenigstens das Problem ein bisschen in den Griff zu bekommen.

*Sie schon mal gar nicht, sondern die Gastgeber.

Das Staffelfressen

Brunchbuffet (ohne à la carte!!!)

„Wir haben einen Tisch für fünf Personen bestellt." *(Tisch BESTELLT, da weißt du, was in den Laden spaziert.)*

„Herzlich willkommen, ich habe da drüben den Tisch ..."

„Also, wir wollen nur eine Kleinigkeit essen." *(Da wurde mir schon klar, wohin die Reise geht!)*

„Sie dürfen ja so viel essen, wie Sie wollen!"

„Aber wir müssen dann nicht den vollen Preis bezahlen, oder?"

„... doch?!"

„Wir wollen aber nur ein Brötchen und vielleicht etwas Ei." *(Und dann noch dieses und danach jenes ...)*

„Wir haben aber kein à la carte, sondern nur Brunch."

„Sie können doch aber alles einzeln berechnen."

„Ja, könnte ich, tue ich aber nicht."

„Und wieso nicht?"

„Weil ich nicht kontrollieren kann, ob Sie wirklich nur ein Brötchen und etwas Ei nehmen."

„Na ja, so genau wissen wir es ja auch noch nicht." *(Ja, eben, du Rühreihirn!!!)*

„Sehen Sie und deswegen gibt es ja einen Brunch."

„Aber 12,50 Euro für ein Brötchen und Ei ist uns zu teuer, wir essen nicht so viel."

„Warum reservieren Sie dann für einen Brunch?"

„Weil wir dachten, dass man dann auch nur Kleinigkeiten essen kann."

„Sie haben online reserviert, da steht es extra noch."

„Ja, aber ich wollte lieber noch mal nachfragen." *(So, jetzt wurde ich sauer.)*

„Extrawürste gibt es nicht, es sei denn die auf dem Buffet. Entweder Sie nehmen den Brunch oder gehen jetzt, ich habe noch mehr Gäste."

„Dann gehen wir eben, wenn Sie unser Geld nicht wollen, bitte."

„Das Geld schon, nur nicht die, die es haben."

Dann gingen sie kopfschüttelnd und ich hatte wieder zwei freie Tische.

The fast and the furios-Opa

Jeder kennt das. Die Tische im Restaurant stehen zur Mitte oft eng beieinander, aber es gibt breitere Laufwege, die es ermöglichen, auch Menschen im Rollstuhl das Erreichen eines Tisches leicht zu machen. Und dann gibt es da noch ältere Menschen mit Rollator. Die wollen es nicht begreifen, oder? Oder können sie es einfach nicht begreifen?

Da kommt so ein Rollator-Rocker ins Restaurant und sieht einen Tisch, den er nur erreichen kann, wenn er den breiteren Laufweg einschlägt, aber dadurch einen Umweg in Kauf nehmen muss. Tut er aber nicht. Stattdessen quetscht er sich zwischen Tischen und Stühlen hindurch. Da es ihm so recht nicht gelingen will, versucht er mit aller ihm noch zur Verfügung stehenden Leibeskraft alles im Weg stehende beiseitezuschieben. Das Resultat nach zwei Tischen: quietschende Stuhl- und Tischbeine, ein umgefallener Stuhl, zwei am Boden liegende, den Gästen vom Nebentisch heruntergezogene Jacken. Nur mein beherztes Eingreifen konnte den Amok-Opa davon abhalten, das Restaurant weiter „umzugestalten". Mit großen Augen sieht er mich an:

„Ich will dahin!"

Ich: „Ja, aber das ist kein Grund, gleich das ganze Mobiliar mitzunehmen. Gehen Sie bitte anders herum."

Er: „Ist das kompliziert und behindertenungerecht. Sie sehen doch, dass ich gehbehindert bin."

Das brachte mich auf eine Idee und eine Marktlücke: Ich schmeiße die Gastro hin und verkaufe stattdessen Rollatorennavis. Und akustische Signale für das Rückwärtsfahren, denn der Rallye-Renter hat beim Versuch, aus seiner Schneise der Vernichtung zu kommen, noch einen Blumenkübel umgeworfen. Und eines kann ich euch sagen: Versucht mal 3 kg Terrakottakugeln in einem voll besetzen Restaurant zusammenzufegen!

Der Champagner

„Der Champagner ist schlecht!"

„Wieso denn das?"

„Der riecht total muffig und schmeckt auch muffig."

„Das ist bei Champagner so wegen der Hefe."

„Das können Sie einem Idioten verkaufen!"

Mache ich doch gerade?!

„Wollen Sie die Flasche sehen?"

„Nein, aber Sie können das Glas von der Rechnung nehmen."

„Nein, kann ich nicht."

„Warum, wenn Sie mir schlechten Champagner verkaufen?!"

„Weil Sie das Glas ausgetrunken haben."

„Ich war mir nicht ganz sicher, ob der Champagner schlecht war, jetzt bin ich es."

„Und ich bin mir sicher, dass Sie mich für einen Idioten halten."

„Sie sind Kellner, das sagt alles."

„Als Gott gemerkt hat, dass der Anstand nicht für alle Menschen reicht, er aber noch Restemenschen übrig hatte, erblickten Sie das Licht der Welt."

Das Korkgeld

„Haben Sie mal einen Korkenzieher?"

„... Ja ..."

Schneller Griff in die Weste und schon war das Kellnermesser am Gast, der wiederum eine Flasche Wein aus seinem Beutel zieht.

Ich gucke irritiert.

„Den Wein habe ich mitgebracht, weil mir Weine im Restaurant zu teuer sind."

„Ihnen ist aber schon klar, dass ich dafür Korkgeld erhebe?"

„Korkgeld? Was wollen Sie denn mit dem Korken?"

„Nichts."

„Und wieso wollen Sie Geld dafür? Korken kosten doch nichts."

„Korkgeld bedeutet, dass wir für mitgebrachte Weine den günstigsten Flaschenpreis unserer Weine erheben. Da Sie einen Rotwein mitgebracht haben, berechne ich 25 Euro."

„Waaas?! Der Wein hat knapp neun Euro gekostet, das ist ja Abzocke!!!"

„Nein, das ist normal!"

„Also, das habe ich noch nie erlebt."

„Ich schon öfter."

„Das ist unglaublich! Ich zahle das nicht."

„Dann packen Sie den Wein wieder ein."

„Kennen Sie Andy Grothe?"

„Unseren Innensenator? Nicht persönlich."

„Den werden Sie kennenlernen, das ist ein Bekannter von mir, dem werde ich das erzählen."

„Sie wollen dem Innensenator erzählen, dass Sie sich keine acht Euro für ein Glas Wein leisten können, und stattdessen lieber eine Flasche Wein mit ins Restaurant nehmen? Viel Spaß, da wird er sicherlich sehr empört sein!!!“

Danach ist wirklich Ruhe und der Geizi bestellt ein Glas Rotwein.

Der „Nach mir die Sintflut"-Gast

Wer in einem vollen Restaurant eine halbe Stunde auf sein Essen wartet, obwohl er ohne Reservierung und – wie fast alle anderen Gäste auch – um 19:00 Uhr kommt, sich aber derart über die Wartezeit beschwert, dass wirklich alle anderen Gäste es mitbekommen, muss sich folgende Argumente anhören:

- Wenn sich in einem Supermarkt 20 Kunden zufälligerweise gleichzeitig dafür entscheiden, sich an die Kasse zu stellen und aus lauter Unlust zu warten, nach einer weiteren Kasse schreien, geht es auch nicht schneller.

- Wenn an einer Bushaltestelle vier Frauen zufälligerweise hintereinander eine Fahrkarte lösen wollen und unmittelbar vor dem Fahrer in der Riesenhandtasche das Portmonee suchen, muss man eben so lange warten, bis alle gezahlt haben und die Fahrt weitergeht.

- Wenn an einem Sonnabendabend alle ins Kino gehen und man etwas spät dran ist, muss man sich anstellen, um eine Karte zu kaufen, während der Vorspann schon läuft.

- Wenn man beim Arzt oder im Krankenhaus ohne Termin sitzt, kann es passieren, dass Patienten, die später kamen, eher dran kommen. Da bringt es herzlich wenig, sich drüber zu beschweren, in der festen Überzeugung, dass es dadurch schneller geht.

So ist es in einem Restaurant auch. Die Küche kann nur eine bestimmte Anzahl an Speisen gleichzeitig anrichten und schicken, wer also meckert oder meint, seine Bestellung müsste vorgezogen werden, irrt. Denn wie in vielen Situationen im Leben muss man einfach warten, bis man an der Reihe ist.

Die bezahlte Ehefrau

Ein Gast hat sich ein Schnitzel bestellt, schneidet es an und ruft mich zu sich. Empört sagt er: „Herr Ober, soll das ein Scherz sein?"

Ich: „Was meinen Sie?"

Er: „Das Schnitzel! Das ist dermaßen dünn und die Panade ist viel dicker. Glauben Sie, ich merke den Betrug nicht?"

Ich: „Betrug? Ein Schnitzel ist immer so dünn und die Panade muss auch so sein."

Er: „Jaja, um mir weiszumachen, das Schnitzel sei dicker?!"

Ich: „Nein, Schnitzel sind immer so dünn."

Er: „Und dafür soll ich jetzt 15,50 Euro zahlen? Für ein ganz dünnes Stück Fleisch? Das ist eine Frechheit!"

Ich: „Nein, Sie zahlen den Betrag für das ganze Gericht und nicht nur für den Fleischanteil."

Er: „Das ist trotzdem völlig überteuert, das kann ich zuhause viel billiger machen."

Ich: „Zuhause ...?!"

Er: „Ja, zuhause. Da kostet das Schnitzel auch nicht so viel."

Ich: „Sagen Sie, bezahlen Sie Ihre Frau?"

Er: „Bitte?"

Ich: „Ja, angenommen Ihre Frau macht Schnitzel, bezahlen Sie Ihre Frau dafür?"

Er: „Aber natürlich nicht, was soll denn diese dämliche Frage!?"

Ich: „Ich muss meine Köche bezahlen. Die sind nämlich weder mit mir, noch mit Ihnen verheiratet und werden Ihnen nicht umsonst und nur aus Liebe Essen kochen. Und ich schenke Ihnen auch nichts, denn damit ich die Köche bezahlen kann, müssen Sie das Essen bezahlen. Verrückt, aber wahr. Und Köche müssen Kartoffeln schälen, das Kalbfleisch portionieren und plattieren, dann kommen noch die Sardellen, Kapern und Zitronen hinzu, die gesamten Betriebskosten und eben das Personal. Also kommen Sie mir nicht mit: ‚Zuhause ist es billiger'! Wenn Essen zuhause billiger ist, warum gehen Sie dann essen?"

Er: „Ich wusste ja nicht, was damit so alles zusammenhängt."

Ich: „Das müssen Sie auch nicht, aber man kann fragen."

Er: „Na ja ... wenn das so ist ..."

„Können Sie den Feueralarm mal auf stumm stellen? Wir wollen uns unterhalten!"

Der „Gäste-Abwehr-Alarm"

Heute. Die Hütte gerammelt voll. Der Feueralarm geht los. Ich sofort in die Küche und alle potentiellen Gefahren kontrolliert. Zum Glück war es ein Fehlalarm.

Voll nützlich so ein Feuermeldesystem, finde ich. Nur meine Gäste sehen das leider anders. Ich kann den Fehler nicht finden und den Alarm nicht ausstellen. Und die Gäste? Keine Besorgnis, als der Alarm losgeht. Verwirrte Blicke, aber niemand, wirklich niemand hat sich Sorgen darum gemacht, was los sein könnte. So vergehen die Minuten im Einklang mit dem melodischen Geräusch der Brandmeldeanlage.

Dann kommen die ersten Beschwerden wie:

„Wir haben schon gewusst, dass es ein Fehlalarm ist."

Ach ja, woher?!!

„Können Sie das nicht mal abstellen? Das Geräusch ist ja furchtbar!" Meine Antwort: „Nächstes Mal spiele ich Beethovens 9."

„Wir haben aber noch nicht aufgegessen."

„Können wir vorher noch was für hinterher bestellen?"

„Man kann sich ja überhaupt nicht mehr unterhalten. Wir fühlen uns mehr als gestört!!!"

Meine Antwort: „Verzeihen Sie, dass der Feuermelder funktioniert."

Eine kleine Auswahl der Beschwerden und nach knapp zehn Minuten konnten wir, dank der Feuerwehr, den

Alarm ausschalten. Er hatte eine Fehlfunktion, aber eben doch eine Funktion. Man muss sich wirklich fragen, was im Falle eines Brandes passiert, denn den Gästen scheint wirklich nicht bewusst zu sein, wie schnell ein Brand losgehen kann und die einhergehende Rauchentwicklung einsetzt. Sollte es wirklich mal zu einem Ernstfall kommen, würde es mich nicht wundern, wenn Sätze fallen würden wie: „Wir essen erstmal auf." oder „Also dafür bekommen wir aber einen Espresso aufs Haus."

Sehr gerne, aber nur dann, wenn man dich von deinem Rinderfilet unterscheiden kann, welches du eben noch gegessen hast.

Der Servietten-Staffellauf

15 Personen. 4-Gang-Menü. Ich will mit Kollegen den ersten Gang einsetzen und stoppe in der Bewegung, weil eine Dame die Serviette immer noch auf dem Tisch liegen hat.

Ich: „Die Serviette, bitte."

Die Dame sieht mich nur an ...

Ich: „Ihre Serviette, BITTE."

Sie guckt mich an und fragt: „Ja?"

Ich: „Könnten Sie sie vom Tisch nehmen, damit ich die immer heißer werdenden Teller servieren kann?"

Sie: „Ach sooo, ja sagen Sie das doch."

Ein Platz weiter sitzt ein Herr, der das eben mitbekommen hat. Und wo liegt seine Serviette? AUF DEM TISCH!!! Also nochmal:

Ich: „Ihre Serviette, bitte."

Er: „Was ist damit?"

Ich: „Bitte weglegen."

Er tat wie ihm geheißen.

Der dritte Gast ... ne, dann reicht es mir und ich setze die Teller auf die auf dem Platz liegenden Servietten ein.

Und dann kam es!

Genervt davon, Gäste immer wieder zu bitten, beim Platznehmen, nach Knigge, die Serviette einfach auf den Schoß zu legen, setze ich an einem Sechsertisch einfach die Teller auf die Servietten ein. Ein Mann guckt mich an und sagt: „Die Serviette wollte ich eigentlich noch benutzen, nun steht der Teller drauf."

Ich erkläre ihm Folgendes: „Die Serviette dient eigentlich als Polster für den Teller, dass man beim Einsetzen nicht so laut knallt und der Teller so auch etwas höher liegt."

Solange sie das glauben, ist ja alles ok, oder?

Warum einfach, wenn es auch kompliziert geht?

Warum generalstabsmäßige Planung nur bei der Bundeswehr geil ist.

Planung ist alles! Wer viel plant, hinterlässt am Ende nichts dem Zufall. Oder ist es doch auch anders? Ja! Gerade im Bankettwesen, sprich, bei der Veranstaltungsplanung, wie von großen Hochzeiten oder Geburtstagen, kann man seine Veranstaltung auch „totplanen“, wie wir es nennen. Und lächerlich wird es dann doch, wenn Gäste mit kleiner Personenzahl ihr Abendessen generalstabsmäßig durchtakten, dass selbst das Protokollamt vom Bundespräsidenten nur überfordert mit dem Kopf schütteln könnte:

Heute kam folgende telefonische Reservierung rein: Nachdem ich mich mit dem üblichen Döns meldete, fing der Herr sofort an: „Guten Tag meine Name ist Nel*****. Ich möchte einen Tisch bei Ihnen reservieren und zwar für den 15. April.

Meine Mutter feiert da ihren 80. Geburtstag. Sie müssen wissen, dass meine Mutter sehr anspruchsvoll ist und von vielen Restaurants in der Vergangenheit enttäuscht wurde, da sie sehr viel Wert auf Qualität und Service legt. Also wir sind zu zweit, da meine Mutter ihre Geburtstage nur mit mir feiert. Es wäre nett, wenn Sie mir einen genauen Service-Plan schicken, wie der Abend genau abläuft, dazu den Raumplan mit der Lage des Tisches, den wir uns hoffentlich noch aussuchen können. Wir brauchen bitte unbedingt ein kleines Blumengesteck bestehend nur aus Narzissen. Wasser trinkt meine Mutter nur stilles von Voss. Schreiben Sie mit?“

„Jaja...“

„Gut. Meine Mutter ist gehbehindert und braucht daher einen Tisch, der nicht weit vom Eingang entfernt ist, aber zugdicht sein muss und möglichst weder zu nah an den Toiletten noch an der Küche sein darf. Wenn das geht, brauchen wir noch eine genaue, gehbehindertengerechte Wegbeschreibung vom Hauptbahnhof zu Ihnen, da meine Mutter kein Taxi fährt und ich kein Auto habe. Servietten und Besteck brauchen Sie nicht einzudecken, da wir das selber mitbringen.

So, dass wäre alles. Also wie gesagt, wir brauchen einen genauen Ablaufplan für den Abend. Können Sie mir alles per Post schicken? Meine Mutter hat kein Internet."

„Tut mir leid, an dem Tag haben wir geschlossen."

Ich lege auf. Wirklich, ich dachte, dass mich ein Kollege verarscht, weil man ja zuweilen Scherzanrufe macht, aber nachdem ich die Nummer gegoogelt habe, musste ich wirklich feststellen, dass der Anruf echt war. Ich kenne niemanden in Drake.

Wie man es dennoch nicht hinbekommt einen Kellner zu verwirren oder: Der Loriot-Effekt

Manchmal ist es aber auch wie bei Loriot. Das Einzige, was da hilft, um nicht komplett in Verwirrung zu geraten und sicher zu bleiben: RUHE! Da zahlt sich jahrelange Berufserfahrung mehr als aus. Wie beim „Loriot-Effekt“:

Die Sonne findet gerade ihren orange-roten Abgang gen Horizont, als sechs Personen ins Restaurant kommen, die einen Tisch reservieren. Sie bestellen ein Sechs-Gang-Menü mit korrespondierenden Weinen. So stehe ich am Tisch, um Aperitifs anzunehmen, als sich Folgendes zuträgt:

Gast 1: „Ja, also einen Aperitif möchte ich nicht und ich hätte gerne bei der Vorspeise statt Ziegenkäse was anderes.“

„Gerne, ich frage in der Küche nach einer Alternative.“

Gast 2: „Ach ja, ich hätte auch gerne was anderes, ich mag auch keinen Ziegenkäse.“

„Gerne, noch jemand?“

Alle verneinen, so gehe ich in die Küche und komme mit Roastbeef als Alternative zurück.

Gast 1: „Roastbeef ist ok.“

Gast 2: „Ne, also Roastbeef ist mir immer zu trocken und Remoulade esse ich nicht, Remoulade ist doch dabei, oder?“

„Weiß ich nicht.“

Gast 2: „Können Sie nochmal in der Küche fragen?“

„Wieso, Sie essen doch kein Roastbeef, dann brauche ich auch nicht zu fragen, ob es Remoulade dazu gibt.“

Gast 2: „Stimmt. Also was kann ich essen?“

Ich wieder in die Küche, und als Alternative Spargel bekommen.

Gast 2: „Ja, super, den nehme ich."

Gast 1: „Ich dann auch lieber."

Gast 3: „Ja, ich dann auch!"

Gast 4: „Also ich mag keinen Spargel, was gibt es als Alternative?"

„ZIEGENKÄSE!!!"

Gast 4: „Geht auch Roastbeef?"

„JA!!"

Gast 3: „Aber dann passt der erste Wein ja nicht, oder?"

„Einen Chardonnay würde ich Ihnen reichen, der passt."

Gast 5: „Chardonnay ... Ist der Barrique?"

„Ja."

Gast 5: „Barrique mag ich nicht, haben Sie auch Riesling?"

„Natürlich."

Gast 2: „Chardonnay nehme ich, aber nicht Barrique!"

„Also auch einen Riesling für Sie?"

Gast 2: „Da ist mir zu viel Säure drin, ich nehme den zum Ziegenkäse."

Gast 6: „Was haben Sie denn für Vegetarier?"

„Sie ... sind ... Vegetarier???!!!"

Gast 6: „Ja, ist da wichtig?"

„Naja, wir haben in jedem Gang Fleisch."

Gast 6: „Dann lassen Sie das Fleisch einfach weg, ich esse auch Fisch, aber bitte ohne Laktose und Nüsse."

Gast 1: „Ich muss fahren, ich nehme das Essen bitte ohne Wein."

„Gut, dann bekommen Sie Softgetränke."

Gast 1: „Machen Sie doch was am Preis, ich trinke nur Wasser."

„Am Preis kann ich nichts machen."

Gast 1: „Ich sehe aber nicht ein, den vollen Preis zu zahlen, wenn ich keinen Wein will."

„Warum buchen Sie dann ein Menü mit korrespondierenden Weinen, wenn Sie dann keine Softgetränke als Alternative wollen?"

Gast 1: „Sonst geht das immer."

„Bei uns leider nicht!"

Gast 2: „Kann ich den Spargel ohne Soße haben, dafür mit mehr Kartoffeln?"

„JA."

Gast 2: „Und einen Weißburgunder dazu, bitte."

„Sie wollten Chardonnay."

Gast 2: „Nein, den hatten Sie empfohlen, aber ich nehme lieber einen Weißburgunder"

Gast 3: „Also das Dessert ... hm."

Der Horror jedes Kellners – Frauengruppen!

Ein weiteres Beispiel, oft ein Phänomen, welches man bei Grüppchen aus Frauen bestehend beobachten kann. Ich will nun nicht machohaft wirken, aber wer Frauengruppen beobachtet, dem werden Parallelen sicher nicht zu dem entgangen sein, was ich nun exemplarisch skizziere:

Die Salatbar

Vier Frauen um die 20.

Frau 1: „Haben Sie Salat?"

Ich: „Ja."

Frau 2: „Nehmt ihr auch einen Salat?"

Frau 1, 3, 4: „Ja ..."

Frau 4: „Was ist das denn für Salat?"

Ich: „Romana."

Frau 3: „Kein Eisbergsalat?"

Frau 4: „Ne, ich esse keinen Eisbergsalat."

Frau 2, die am Handy daddelt: „Eisbergsalat nehme ich auch."

Frau 4: „Nein, der ist aus Romana."

Frau 2: „Ok und was dazu?"

Frau 1: „Ich nehme meinen Salat mit Hähnchen, Paprika, Ei, aber bitte kein Mais."

Frau 2: „Ich ohne Ei, ich bin Vegetarierin. Aber Fisch esse ich, haben Sie Thunfisch?"

Ich: „Nein."

Frau 2: „Ok, dann ohne Thunfisch. Haben Sie Krabben?"

Ich: „Nein."

Frau 3: „Nimm doch Lachs."

Frau 2: „Haben Sie Lachs?"

Ich: „Ja."

Frau 2: „Ist der sehr fettig?"

Ich: „Ist ein Fettfisch."

Frau 2: „Ne ... dann nehme ich den Salat vegetarisch, aber ohne Paprika."

Frau 4: „Ich bitte mit Essig/Öl."

Frau 3: „Was gibt es noch?"

Ich: „American und Italian."

Frau 3: „Haben Sie French?"

Ich: „American und Italian!"

Frau 1: „French nehme ich auch."

Ich: „American oder Italian!"

Frau 2: „Haben wir alles?"

Frau 4: „Können Sie uns unsere Bestellung nochmal vorlesen?"

Zur Strafe habe ich ihnen einen Fleischsalat gemacht.

Die Zombies der Globalisierung - Vegetarier/ Veganer

Wir leben in einer globalisierten Welt des Überflusses. Egal, ob es exotische Früchte oder exotisches Fleisch ist, egal aus welchem Teil der Erde es importiert wurde, wir bekommen es problemlos und oft in rauen Mengen. Das hat zur Folge, dass die Konsumgesellschaft wählerischer wird. Man selektiert sehr genau, was man essen will und was nicht, man kann Qualitäten sehr genau unterscheiden und Monopolprodukte sind eher eine Seltenheit geworden.

Das heißt für uns in der Gastronomie, dass der Gast „pingeliger" geworden ist. Er will genau wissen, was auf den Teller kommt und vor allem: woher es kommt! Dies ist auch eine Folge des schwindenden Vertrauens in die Lebensmittelindustrie durch zahlreiche Skandale, die sich seit Jahren schon die Klinke in die Hand drücken. Man weiß nicht mehr, was man essen kann und was nicht und man will dem Trend der Massenproduktion durch bewusstes Entscheiden entgegenwirken. Dabei soll aber das Produkt möglichst billig sein.

Geht das? NEIN! Qualität hat eben doch seinen Preis und hohe Qualität zu niedrigem Preis ist eben allzu oft ein Widerspruch. Die am deutlichsten hervortretende Gruppe der Konsumenten sind dabei die Vegetarier/Veganer. Hierbei habe ich in meinem Berufsalltag Vegetarier/ Veganer in zwei Gruppen eingeteilt:

Die Gesundheitsverzichter: Sie haben sich bewusst dazu entschieden, aus gesundheitlichen Gründen auf Fleisch oder tierische Produkte zu verzichten. Das sind meistens Gäste, welche ihren Lebensstil im Stillen ausüben. Sie bestellen sich im Restaurant eine fleisch-/tierlose Alternative, ohne dass man überhaupt merkt, dass sie auf tierische Produkte verzichten.

Die Ethiker: Das sind die militanten Verzichter tierischer Produkte. Sie versuchen, durch zum Teil aggressive Aufklärung andere dazu zu bewegen, auf tierische Produkte zu verzichten und beschweren sich im Restaurant am laufenden Band über das tierische Überangebot und die wenigen pflanzlichen Alternativen, gleichwohl wollen sie einem ein schlechtes Gewissen einreden. Ein Beispiel, welche Auswüchse das haben kann, erlebte ich vor einigen Jahren bei einer Feier in einem Hotel. Es gab ein großes kaltes/warmes Buffet. Eine Frau kam auf mich zu und fragte: „Das Gemüse da in den Wärmebehältern, ist das vegan?"

„Ja, das ist nicht mit Butter versetzt, also ist es vegan."

„Nein, das war nicht die Frage. Die Frage lautet eher, ob der Bauer beim Düngen Gülle verwendet hat, wenn ja, ist es nicht vegan."

Ein weiteres Beispiel ist ein Pärchen von der Sorte „ultrakonservative Veganer", wie sie selbst von sich behaupteten. Sie achteten stets darauf, dass alles zu ihrer vollsten Zufriedenheit konsumiert wird, und dann bestellten sie eine Flasche Rotwein. Rotwein als Veganer? Sicher! Mal abgesehen davon, dass man die Trauben der Pflanze gewaltsam entreißt, wird beim Verkelterungsprozess tierische Gelatine verwendet. Man sollte also die Kirche im Dorf lassen!

Intolerante Gesellschaft

Durch die Globalisierung ernähren wir uns unkontrollierter, ich nenne es das „Kamikaze-Essen“. Eine Folge sind Unverträglichkeiten: eine Plage für jeden Kellner. Sicher, die Gäste können nichts dafür, aber die Folgen sind oft umständliche Umbestellungen und Unzufriedenheit. Ein Beispiel: Laktoseintoleranz und ein Dialog, den ich vor Kurzem hatte:

„Ich hätte gerne einen Latte Macchiato. Haben Sie laktosefreie Milch oder Sojamilch?“

„Nein, leider nicht.“

„Was, wieso denn das?“

„Weil wir kaum Nachfrage nach laktosefreien Produkten haben.“

„Aber das ist doch unmöglich, Sie müssen doch darauf reagieren, da fühlt man sich als Gast doch diskriminiert!“

„Das ist falsch! Wenn ich einmal im Monat eine Soja Latte verkaufe, schmeiße ich den Rest der Milch weg. Also muss ich den Einkaufspreis des Liters auf Ihre Latte drauf schlagen, die dann nicht mehr 4,50 Euro kostet sondern 7 Euro. Würden Sie das bezahlen?“

„Nein, natürlich nicht.“

Muttertagsterror 1

„Haben Sie keine Klimaanlage? Egal, ob wir draußen oder drinnen sitzen, es ist unerträglich heiß!"

Ja, es ist ja auch draußen wie drinnen gleichermaßen Sommer!!!

„Dürfen Mütter heute umsonst essen?"

„Klar, wenn die Söhne das Doppelte bezahlen."

Als ich die Rechnung bringe: „Sie haben doch gesagt, Mütter zahlen nix."

„Stimmt, aber Söhne dafür das Doppelte."

„Dann ist das doch genauso teuer wie normal?!!"

(JA, ECHT JETZT? WAHNSINN, DAS DING MIT MATHE!!!)

„Was haben Sie denn für Kuchen?"

„Heute zum Muttertag, Mutterkuchen."

Und jetzt der Hammer:

„Was haben Sie für Kuchen?"

„Wir haben Schoko-Kirsche, Apfel, Käsekuchen, Schwarzwälder Kirschtorte."

„Was war das Erste?"

„Schoko-Kirsche."

„Und das Zweite?"

„Apfel."

„Und was haben Sie noch?"

„Käse und Schwarzwälder Kirschtorte."

„Dann nehmen wir einmal Schoko und einmal Kirsche."

„Schoko-Kirsche ist eine eigene Sorte."

„Sagten Sie nicht Schoko und Kirsche?"

„Nein."

„Gut, dann nehmen wir einmal Schoko und was hatten Sie noch?"

„APFEL, KÄSE UND SCHWARZWÄLDER KIRSCHTORTE!!!"

(Überlegt) „... hm ..." (please hold the line) „... was anderes haben Sie nicht?!"

„Nein!"

„... gut ... dann nehmen wir zwei Bauernfrühstücke."

„Jjjjjja, ok ..."

„Einmal ohne Speck und Zwiebeln, aber wenn es geht mit Tomaten und etwas Basilikum."

Es gibt eben Situationen, in welchen man froh ist, dass einen im Kühlhaus niemand schreien hört.

Muttertagsterror 2

Gast kommt gehetzt zu mir: „Der Behindertenparkplatz vor der Tür ist besetzt."

„Ja, das ist ok, die haben einen Behindertenausweis."

„Aber meine Mutter ist gehbehindert."

„Und wie kann ich Ihnen jetzt helfen?"

„Haben Sie noch einen Behindertenparkplatz?"

„Nein, wir haben nur den einen."

„Können Sie uns keinen organisieren?"

„Wie soll ich das denn machen?"

„Das ist doch nicht mein Problem."

„Tut mir leid, die Behindertenparkplätze sind ausverkauft."

„Dann gehen wir woanders hin."

„Ich dachte, gehen ist schlecht."

„Passen Sie auf, was Sie sagen!"

„Ok, ich GEHE dann mal."

Der unentschlossene Gast

„Können Sie mir was empfehlen?"

„Wir haben frische Seezunge da, mit ..."

„Nein, ich esse keinen Fisch."

„Dann haben wir Salzwiesenlamm mit ..."

„Kein Lamm!!"

(Darf ich mal ausreden, du Arschloch?!)

„Wie wäre es mit Blumenkohlplätzchen und daz..."

„Vegetarisch ist nicht meins."

„Worauf haben Sie denn Appetit?"

„Das sollen Sie mir ja sagen."

„Woher soll ich wissen, was Sie mögen?"

„Deswegen sollen Sie mir ja was empfehlen."

„Habe ich doch."

„Ja, aber das mag ich alles nicht!"

„Dann suchen Sie sich doch was aus der Karte."

„Wozu habe ich Sie dann gefragt?"

„Damit ich Ihnen was empfehle, das tat ich."

„Ja, nur nichts Passendes."

„Dann bestellen Sie sich was aus der Karte."

„Also, wenn Sie sonst nichts empfehlen können ... ziemlich schwach!"

„Bitte?"

„Na ja, es ist doch Ihr Job, mir meine Wünsche von den Augen abzulesen."

„Wenn Sie selber nicht wissen, was Sie wollen, können Sie von mir auch nicht erwarten, dass ich hellsehen kann."

„Na ja, dann bringen Sie mir irgendwas."

„Was denn?"

„Egal, nur kein Fisch, Lamm oder vegetarisch."

Super, ich gehe einen Waschlappen frittieren, damit wenigstens der Waschlappen zum Gast passt!!!

Die Schlechtwetter-Gäste

Wenn es anfängt zu regnen und viele Menschen ins Restaurant kommen, um einen Alibi-Kaffee zu trinken, bis der Regen aufhört, nenne ich sie „Schlechtwettergäste". So ergab sich folgender Dialog mit vier Frauen:

„Wir hätten gerne die Rechnung. Können wir getrennt zahlen?"

„Sehr gerne."*

Ich komme mit vier Rechnungen zum Tisch. Ihr kennt es: Bei vier Gästen kann man sich merken, wer was hatte und so splittete ich die Rechnung entsprechend.

Frau 1: „Also, ich zahle die Getränke. Die alkoholfreien mit Karte und die alkoholischen bar."

Frau 2: „Ich wollte die alkoholischen Getränke zahlen."

Frau 1: „Ne Birgit, ich mache das. Ich brauche aber bitte einen Bewirtungsbeleg für die Zahlung mit Karte und eine gesonderte Rechnung für die alkoholfreien Getränke."

Frau 3: „Dann bezahle ich das Essen für mich und Gitta (Frau 4)."

Frau 4: „Dann zahle ich aber den Kuchen und das Eis."

Frau 1: „Sonst nehme ich noch den Kaffee mit auf die Rechnung und Jutta (Frau 2) zahlt die alkoholischen Getränke. Dann geht alles bei mir auf eine Rechnung."

Frau 2: „Wollen wir nicht einfach alles durch vier teilen?" *(Ich liebe sie für die Frage.)*

Frau 1: „Nein, ich muss es auf die Firmenrechnung setzen, der Kellner soll trennen." *(Ich hasse sie!!!)*

Frau 3: „Ok, sonst können wir uns doch noch schnell was bestellen, es fängt ja wieder an zu regnen. Wollen wir noch einen Sekt?"

Alle: „Jaaaa!"

Ich: „Also noch nicht zahlen und dafür vier Sekt?"

Frau 1: „Doch, wir wollen zahlen und dazu den Sekt. Den zahlt jeder selbst."

Frau 2: „Den kann ich auch zahlen ... ne ... ich habe nicht genug Geld dabei."

Frau 3: „Dann zahle ich zwei Sekt."

Frau 1: „Dann haben wir alles. Sie bringen uns dann die Rechnung, sobald es aufgehört hat zu regnen."

Ich: „Natürlich."**

*Sehr gerne. = Leck mich am Arsch!

**Natürlich. = Ich hasse dich, du dumme Kuh!

Hä ...???!!!

„Sie haben montags geöffnet?“

„Ja.“

„Wirklich?“

„Ja.“

„Aber noch nicht lange, oder?“

„Seit 12 Uhr.“

„Ne, noch nicht viele Jahre, oder?“

„Doch, schon immer.“

„Also wir dachten, dass Sie zu haben.“

„Ok, wir haben aber auf. Wollen Sie einen Tisch für zwei?“

„Ne, wir wollten nur gucken, ob Sie zu haben, wir kommen ein anderes Mal wieder.“

Die abgebrühten Legionäre

„Ich hätte gerne eine Karaffe Leitungswasser."

„Sehr gerne."

(„Sehr gerne" ist Kellnerdeutsch und heißt: „Leck mich am Arsch, Leitungswasser?!")

„Könnten Sie das vorher abkochen? Da sind ja überall Legionäre drin, das habe ich in der Zeitung gelesen."

„Sie meinen Legionellen, oder? Da brauchen Sie sich keine Sorgen zu machen, unser Leitungswasser ist bestens."

„Ach, Sie sind Fachmann?! Ich wünsche, dass Sie es abkochen."

„Sehr gerne."

(Bedeutung siehe oben.)

Fünf Minuten später

„Wo bleibt mein Wasser?"

„Das wird gerade abgekocht."

„Das dauert aber lange!"

„Ja, der Abkochprozess braucht seine Zeit."

Fünf Minuten später.

„Haben Sie mein Wasser vergessen?"

„Nein, aber es muss auch abkühlen."

„Ach, so heiß wird es nicht sein, ich wünsche jetzt mein Wasser!"

„Sehr gerne."

(Siehe Bedeutung oben, nur um ein paar Schimpfwörter ergänzt.)

„Herr Ober, wollen Sie mich verbrühen?"

„Nein, aber Sie wollten unbedingt das Wasser serviert haben."

„Ja, aber ich kann ja nicht wissen, dass es so heiß ist!"

„Ich ... aber ich sagte es Ihnen."

„Bringen Sie mir bitte Eiswürfel, da verbrennt man sich ja den Mund. Sehr unaufmerksam!"

„Sehr gerne."

(Resignation.)

„MOMENT, Herr Ober! Das Wasser für die Eiswürfel, wurde das vorher abgekocht?"

„RAUS!!!"

Der Kopfsalat und damit ist nicht das Gemüse gemeint!

Gast: „Ich möchte bitte einen Salat bestellen, aber ohne Blattsalat."

Ich: „... also nur Tomaten, Gurken, Zwiebeln?"

Gast: „Nur Tomaten und Gurken, aber ohne Zwiebeln. Was haben Sie für Tomaten?"

Ich: „Rote."

Gast: „Woher kommen die denn?"

Ich: „Aus dem Kühlschrank."

Gast: „Nein, aus welchem Land?"

Ich: „Deutschland."

Gast: „Ok, also mit Tomaten, aber in Scheiben geschnitten, und dazu Gurken. Sind das Saure oder Salatgurken?"

Ich: „Salatgurken."

Gast: „Ok, aber die darf nicht zu dick geschnitten sein und bitte ohne Schale."

Ich: „Also ohne Verpackung, klar."

Gast: „Ne, ich meine die grüne Schale, die muss ab, die mag ich nicht. Was für Zwiebeln haben Sie?"

Ich: „Charlotten."

Gast: „Und die Zwiebeln?"

Ich: „Hä?"

Gast: „Charlotte ist ein Name."

Ich: „Ja, die Zwiebelsorte heißt so."

Gast: „Ach so, ok. Ne, ich nehme ganz normale Zwiebeln."

Ich: „Ja, unnormale gibt es ja auch nicht. Was soll sonst noch auf den Salat?"

Gast: „Essig/Öl bitte. Was für Essig haben Sie?"

Ich: „Ganz normalen."

Gast: „Ok, nehme ich. Und was für Öl?"

Ich: „Auch ganz normales."

Gast: „Gut, dann machen wir es so."

Ok, bei dem Dialog hatte ich echt den Schalk im Nacken, aber manche Gäste brauchen das einfach!

Von der komplizierten deutschen Esskultur

Die Hühnerhaxe

Gestern wieder total lustige Touristen gehabt. Da das Gespräch auf Englisch war, gebe ich es mal auf Deutsch wieder.

Gast: „Wir hätten gerne die Haxe. Ist da Schwein drin?"

Ich: „Ja, Haxe ist Schwein."

Gast: „Schwein?"

Ich: „Ja, Schwein."

Gast: „Können wir Haxe auch ohne Schwein bekommen?"

Ich: „Nein, denn das ist ja Schwein."

Gast: „Haben Sie noch andere Haxen?"

Ich: „Ja, aber die sind auch alle vom Schwein."

Gast: „Keine anderen?"

Ich: „Nein. Aber um die Ecke ist ein Imbiss, die haben Hühnerhaxen."

Gast: „Ok, dann nehmen wir viermal Hühnerhaxe."

Ich: „Hühnerhaxe haben wir nicht."

Gast: „Ok, aber eben sagten Sie, Sie haben Hühnerhaxe."

Ich: „Nein, der Imbiss um die Ecke hat Hühnerhaxe."

Gast: „Was haben die noch?"

Ich: „Woher soll ich das wissen?"

Gast: „Ich dachte, der Imbiss gehört Ihnen."

Ich: „Nein, dann würde ich da arbeiten und nicht hier."

Gast: „Ok, wir nehmen Caesar Salad. Haben Sie Hummer?"

Ich: „Nein."

Gast: „Dann nehmen wir viermal Risotto."

Ich: „Also keinen Salat?"

Gast: „Doch."

Ich: „Als Vorspeise vor dem Risotto?"

Gast: „Ne, vorweg."

Ich: „Gut, also viermal Caesar Salad vorweg und dann viermal Risotto."

Gast: „Nein, zweimal Risotto und danach Salat und zweimal Salat vorweg und danach Risotto."

Ich: „... ok ..."

10 Minuten später serviere ich die Vorspeisen.

Gast: „Sie können alles gleichzeitig servieren."

Zum Glück war es relativ leer im Restaurant, sonst hätte ich für diesen Spaß keine Zeit gehabt und wäre vorzeitig explodiert.

Es geht munter los

Gast: „Haben Sie am 24.12. keinen Tisch mehr frei?“

Ich: „Weihnachten!“

Gast: „Und am 25.12.?“

Ich: „WEIHNACHTEN!“

Gast: „Und am 26.12.?“

Ich: „Ey, W E I H N A C H T E N! ! !“

Gast: „Wieso sind Sie denn an allen Tagen so stark ausgebucht?“

Ich: „Alter, dein Ernst?!!!“

„Zahlen bitte“ ist oft der finale Todesstoß

Sechs Gäste. Drei Paare. Sie wollen zahlen.

Gast: „Wir würden gerne bezahlen, getrennt und wenn es geht jedes Paar eine eigene Rechnung.“

Ich gehe also zur Kasse und versuche aus dem Gedächtnis drei Rechnungen zu generieren. Nach einigen Minuten serviere ich die Rechnungsmappen den Herren. Diese checken mit ihren Frauen alles genau und rufen mich dann zu sich.

Gast: „Also Ihnen ist hier ein Fehler unterlaufen, wir hatten nicht den Lachs, aber dafür zusammen die Seezunge und statt dem Hefeweizen hatte ich das große Bier.“

Ich: „Kein Problem, ich korrigiere das.“

Also wieder zur Kasse, alles korrigiert und ab an den Tisch. Gast kontrolliert, ich warte.

Der andere Herr: „Also ich würde die Wasser übernehmen und den Schnaps.“

Der dritte Herr: „Ne, die Schnäpse nehme ich.“

Der erste Gast: „Ok, so machen wir das.“

Also gehe ich wieder zur Kasse und korrigiere erneut alles. Gehe zum Tisch und präsentiere die aktuellen Rechnungen.

Gäste gucken drauf. Eine der Damen: „Birte, du hattest doch den Kümmel und ich den Birnenbrand?“

Also wieder zur Kasse. Wieder korrigiert und dann erneut präsentiert.

Der zweite Gast: „Also bei mir ist jetzt aber das Sorbet mit drauf ...“

Also wieder korrigiert und wieder zum Tisch und dann kam der Hammer!

Der dritte Gast: „Also jetzt stimmt alles bei mir."

Die anderen stimmten dem zu.

Der dritte Gast: „Wollen wir nicht einfach die Rechnung durch drei teilen?"

Alle stimmten zu. Ich komplett zerschossen zur Kasse, alles von den Rechnungen wieder zusammen auf eine und das Ganze durch drei. Serviert und gewartet.

Und dann der Hammer:

Dame Nummer zwei guckt mich an und sagt: „Ach, wissen Sie was? Bevor das zu kompliziert wird, machen Sie eine Rechnung, wir rechnen das eben selber schnell aus."

Ich brauchte einen Kaffee!!!

„Typisch" Gast

The Walking Dead-Gäste

Liebe Gäste, ist es wirklich euer Ernst, dass ihr euch darüber beschwert, dass ich für Gäste, die die Augen zusammenkneifen, die Sonnenschutzblenden herunterfahre? Wirklich euer Ernst als Argument anzubringen, dass man dann ja nichts mehr sehen könne? Ja, besser ihr seht nichts mehr, als andere Gäste, die blind werden. Und meint ihr wirklich, dass nach fünf Minuten die Sonne weniger strahlt? NEIN, ich fahre die Blenden nicht hoch, und JA, die Sonne blendet immer noch!

Wirklich euer Ernst, dass ihr lieber das Restaurant verlasst, weil nicht der Tisch frei ist, an dem ihr sitzen wollt, obwohl andere Tische frei sind, die links und rechts daneben stehen? Liegt es vielleicht daran, dass ihr den Tisch wie ein Köter markiert habt?

Ist das wirklich euer Ernst, dass ihr auf einer vollen Terrasse bei zwei verschiedenen Kellnern innerhalb von 2 Minuten dasselbe Getränk bestellt und beim dritten Kellner fragt, wo sie bleiben und dann dumm guckt, wenn ihr dreimal dieselbe Bestellung von allen Kellnern bekommt, weil ich es satt bin, deswegen Ware zu stornieren?

Die Sonne lacht an der Elbe und es ist ... Wochenende?! Da kann die Wahrscheinlichkeit nicht so gering sein, dass es doch mal etwas voller ist. Nehmt euch ein Beispiel an den Kunden der Deutschen Bahn, die wissen wie warten geht. Ihr habt jahrelang auf eine Frau gewartet, die es mit euch aushält, ist aber nach fünf Minuten das Bier nicht da, weint ihr wie kleine Kinder.

Euer Ernst, dass ihr mit 15 Frauen auf der Terrasse einen Sitzkreis bildet, sodass die Terrasse von anderen

Gästen nicht mehr betreten werden kann? Sind wir in der Waldorfschule oder im Kindergarten? Soll ich die Gesangsbücher aus dem Regal holen, damit ihr die Yogitee geölten Stimmen trainieren könnt? Wirklich euer Ernst, sich dann zu beschweren, wenn ich Mietkosten androhe, da ihr die Terrasse mit 15 Personen unbrauchbar macht, auf der normalerweise 40 Personen Platz finden?

Wirklich euer Ernst, dass ihr einen riesigen Aufstand wegen einer Eisschokolade macht, die nicht süß genug ist? Ist es wirklich nötig, nach dem Geschäftsführer zu brüllen, der Besseres zu tun hat, wie zum Beispiel Dienstpläne zu schreiben oder der sich krankmeldenden Azubine gute Besserung zu wünschen, aber nein, ich muss mir das Gejammer wegen einer Eisschokolade anhören. Sei doch bei deiner Figur froh, dass die nicht so süß ist oder klatsche noch drei Löffel Zucker rein!

Wirklich euer Ernst, dass ich um 23 Uhr betretene Gesichter ertragen muss, weil ich den Laden nach 15 Stunden Plackerei dicht mache? „Was, Sie machen wirklich schon zu, ich dachte, wir bekommen noch was!“ Sorry, ich habe einen zwei Jahre alten Sohn und will nach 15 Stunden nach Hause, Sie verstehen das sicher und haben Verständnis dafür! „Also, wenn Sie keinen Umsatz machen wollen!“ Geht, bitte geht, bitte!!!

Euer Ernst, dass Gäste an einem Sonntag im schlimmsten Geschäft eine Veranstaltung für 2020 besprechen wollen und dann pikiert von dannen ziehen, wenn ich sie freundlich bitte, Montag nochmal zu kommen? „Dann gehen wir eben woanders hin!“ Ja, genau, meine Kollegen in der Umgebung freuen sich genauso wie ich, an einem Sonntag bei Kaffee und Wasser über eine Veranstaltung zu sprechen, die in zwei Jahren stattfinden soll!

Wirklich euer Ernst, dass ihr bei einer Rechnung von 4,60 Euro mir fünf Euro in die Hand drückt und 20 Cent zurückwollt mit dem Kommentar: „Der Rest ist für Sie“ und dann dumm guckt, wenn ich dankend mit dem Kommentar ablehne: „Verzeihen Sie, aber so große Trinkgeldbeträge müsste ich versteuern, da bleibt nix über, aber spenden Sie die 20 Cent doch!“ Klar, Kleinvieh macht auch Mist, aber so viel Kleinvieh kann man nicht haben, dass sich der Misthaufen lohnen würde!

Ja, Freunde, das alles AN EINEM TAG!!!

Und was ist meine Erkenntnis daraus?

Liebe Gäste,

wenn ihr meinen Laden betretet, dann nicht, weil ihr eine neue Niere braucht, ohne die ihr in einem Monat sterbt, auch nicht weil euer Leben generell davon abhängt, was ich euch bieten könnte. IHR GEHT ESSSEN, mehr ist es nicht. Ihr wollt, dass ich euer Grundbedürfnis nach Essen befriedige und ihr tut so, als ob euer Leben davon abhängt. Ihr beschwert euch über Dinge, über die ich nur belanglos den Kopf schütteln würde, Dinge, die so lächerlich unwichtig sind, dass ich mich manchmal frage, ob ihr echte Sorgen habt. Während ihr voller Anspruch auch den kleinsten Scheiß bemängelt, betadelt, ablehnt, freut sich der Obdachlose von nebenan über eine Wurst, die er vom Grill umsonst bekommt und isst sie voller Dankbarkeit und Genuss, während ihr, ja ihr, die Mühe des Kochs mit einem hochroten Kopf bemängelt. Das sind wahrlich die Momente, wo ich zyklisch alle paar Jahre die Berufsmoral oder Berufsethik meiner Branche infrage stellen muss, wonach der Kunde wirklich König ist und die Zufriedenheit unter allen Umständen gewahrt bleiben muss.

Ihr kennt die Serie „The Walking Dead"? Da überlebt nur der, der gleichmütig und anspruchslos und stark ist. Und Jammerlappen wie ihr wärt die ersten, die drauf gehen!

Da es ja immer Leute gibt, die sagen, dass ich zu viel über Gäste schimpfe, mache ich jetzt eine spontane Sammlung von positiven und netten Gästeerlebnissen.

- Du kommst mit einem vollbeladenem Tablett an einen Tisch. Und während du dabei bist, die Getränke zu servieren, greift ein Gast nach einem Glas und sagt, während du versuchst, das Gewicht des Tabletts zu verlagern, um ein Inferno zu verhindern: „Sehen Sie, hätte ich Ihnen nicht was abgenommen, wären Sie mit dem Tablett zusammengebrochen."

- Du hast Stapelbleche voller Schnittchen, die du in einen Bankettraum für eine Kaffeepause bringen sollst, und vorbeikommende Gäste bieten dir ihre Hilfe an: „Soll ich Ihnen ein paar Schnittchen abnehmen, dann ist das Tragen nicht so schwer."

- Ein Gast zahlt, drückt dir 'nen Euro in die Hand und sagt: „Aber das Geld behalten Sie für sich, nicht dass Sie mit Ihren Kollegen teilen!"

- Du hast die ganze Nacht auf einer Hochzeit geplackt, am Ende stehst du mit dem Bräutigam an der Kasse, welcher bezahlen will. Er lobt dich und deine Leute und die ganze Feier über den grünen Klee, will dich weiterempfehlen und ... zahlt passend, reicht dir die Hand und geht.

- Es ist Weihnachten und besonders da sind alle Gäste nett. Jeder Zweite bedauert dich dafür, dass du an Heiligabend arbeiten musst und hofft, dass du bald Feierabend hast. Erleichtert stellen dabei manche Gäste fest, dass sie froh sind, nicht in der Gastro zu arbeiten ... Dummerweise sagen sie es dir genauso!

- Du hast gerade mit der Schicht begonnen und Gäste wünschen dir beim Gehen einen schönen Feierabend.

- Du hast gerade mit der Schicht begonnen und dir wünschen Gäste beim Gehen ein schönes Wochenende.

- Es ist Hochsommer, du schiebst auf der Terrasse Dienst, während der Asphalt sich mit deinen Sohlen vereint, und der Gast sieht dich bedauernd an: „Ist Ihnen nicht heiß? Sie sollten mal eine Pause machen!"

- Du hast den Last Call schon zweimal rausgezögert, bis der Gast ein Einsehen hat und sagt: „Ok, die Runde Hefeweizen trinken wir noch, dann können Sie Feierabend machen!" Und bestellt dann noch 'ne Runde mit dem Zusatzkommentar: „Gleich haben Sie es geschafft."

- Dummerweise hat dein Chef einen Kindergeburtstag angenommen, nach dessen Beendigung dich die Veranstalterin ansieht und sagt: „Hoffentlich müssen Sie den Saustall nicht aufräumen!"

- Du bist im vollem Restaurant umgeknickt, ein Gast sieht es und sagt: „Ein Genesungsbier, bitte!"

- Du bist im vollem Restaurant umgeknickt, ein Gast sieht es und sagt: „Können Sie uns im Vorbeihumpeln noch zwei Bier bringen?“

Und mein Highlight:

„Für einen Azubi arbeiten Sie aber schnell!“
ICH BIN KEIN AZUBI!!!!!

Der gute Gast

Ein Schmaus für den Kellner

Der Lichtblick

Nachdem meine Nerven bereits ausgecheckt waren und ich Sodbrennen von dem Liter Baldrian bekommen hatte, war es dann doch passiert. Etwas Unvorstellbares, in seiner Konzentration und Intensität so spektakulär, wie das Finale vom ESC, epochal und biblisch in symbiotischer Eintracht. Vier Gäste kamen nach Platz suchend ins Restaurant. Ich ging zu ihnen, begrüßte sie und gab ihnen zu verstehen, dass wir keinen Platz mehr haben.

Da sieht mich einer der Männer an und sagt: „Das ist doch schön, dass Sie ausverkauft sind, spricht für Sie. Also wir kommen dann einfach die Woche nochmal vorbei und rufen vorher an, dann haben Sie weniger Stress."

Perplex sah ich stotternd den Herrn an, lächelte und bedankte mich.

Verliere nie den Glauben an das Gute im Menschen.

Es sei denn, er mutiert zum Gast.

Typisch Deutsch

Also gegen Flüchtlinge habe ich ja nix, aber gestern saß eine Familie bei mir, das ging nun wirklich nicht.

Vater, Mutter, drei Kinder und Dolmetscher. Kommen rein und setzen sich an den einzigen sauberen Tisch, obwohl daneben ein dreckiger war, damit ging es schon los. Die Hütte war voll und wir hatten viel zu tun. Dann sind die so dreist und warten auch noch so lange, bis ich an den Tisch kam. Die haben vorher nicht geschnipst, gepfiffen oder gerufen. Erlauben sich einfach so zu warten, unfassbar!

Dann bestellt der Vater unter dem zufriedenen Blick des Dolmetschers: „Bitte Schnitzel für alle Familie ... bitte."

Das ging ja überhaupt nicht. Erst bestellt der in schlechtem Deutsch, wo sie schon zwei Wochen hier sind und dann sagt der auch noch „bitte"? Und das zweimal??? So undeutsch kenne ich das nicht.

Jedenfalls sagte ich, dass es etwas dauern kann, weil es so voll ist. Und was passiert? Die sitzen eine halbe Stunde und warten. Kein Gefrage, kein Gedränge, kein Gemecker. Also, das ist unverschämt.

Der Hammer waren aber die drei Kinder, geschätzte 2, 4, 6 Jahre alt. Erst dachte ich, die sind so ruhig, weil die ein Handy in der Hand haben, aber hatten sie nicht. Ich war total entsetzt zu sehen, dass die sich mit ihren Eltern unterhielten. Die sind ja nicht mal durchs Restaurant gelaufen, haben keine Gläser umgeschmissen, nix. Saßen da und haben sich benommen, diese erzogenen Gören. Als das Essen kam, haben die sich sogar bedankt. Also ich fasse es nicht.

Und als sie dann auch noch ein ordentliches Trinkgeld gaben, war ich völlig fertig.

Ich habe schon viel erlebt. Aber noch nie ein so undeutsches Verhalten!

Der Weihnachtsmann außer Haus

Heute bin ich kurz im Laden, um etwas mitanzupacken. Eine Familie mit neun Personen hat reserviert. Als dann alle endlich da sind, bleibt ein Platz leer. Alle da? Wirklich? Einmal durchzählen und ...? Nein, einer fehlt. Es dauert nicht lange, da kommt der Familienvater: Als Weihnachtsmann mit einem großen Sack. Während ein Teil der Kinder frohjauchzt, beginnen andere zu heulen. Der Vater fängt an, die Geschenke zu verteilen. Während also wir den Service machen, packen die Gäste ein Geschenk nach dem anderen aus.

Ich sehe dem Treiben ungläubig zu, nicht sicher, ob ich das nun süß oder scheiße finden soll. Bescherung im Restaurant?! Im Ernst?!

JA!

Das Resultat:

- eine PS4 mit Fifa 16
- zwei Barbies samt Bekleidungsextras
- zwei Handys
- vier Gutscheine
- Parfümsets
- Bekleidungsstücke
- Schmuck
- Lego Star Wars

Und Karten für Aladdin, mehr bekomme ich nicht mehr zusammen.

Ein Kollege und ich brauchen einen großen Müllsack, um die Opfer der Bescherungsarie zu entsorgen: das Geschenkpapier.

Am Ende klärt mich der Familienvater dann auf.

Die Familie wohnt verstreut in Deutschland, nur die Mutter lebt in Hamburg. Da sie in einem Altenheim zuhause ist, nicht mehr reisen kann und wohl dem Ende nahe ist, hat man Weihnachten kurzerhand in ein Restaurant verlegt.

Ich finde es so süß und das ist mit das Schönste, was ich im Grunde je erlebte.

Das ist Weihnachten!

CSI Hotel

Aus meiner Zeit im Room Service möchte ich euch eine Episode erzählen, welche mir wohl am deutlichsten in Erinnerung bleiben wird.

Eine Dame bestellt Essen, beim Öffnen der Tür fiel mir auf, dass sie wohl geweint hatte. Dann kam das Verhängnis:

Unvermittelt bat die englisch sprechende Dame mich, mit ihrem Handy eine Audioaufnahme ihres deutschen Mannes abzuhören, die sie heimlich in dem heimischen Badezimmer aufgenommen hat, als ihr Mann im Schlafzimmer telefonierte. Warum? Sie hatte den Verdacht, ihr Mann betrüge sie und sie glaubte, er würde in dieser Audioaufnahme mit seiner Geliebten sprechen. Ich war ein Idiot und kam der Bitte nach.

Die Aufnahme war sehr schlecht und ich verstand nur bruchstückhaft und undeutlich, was der Mann sagte. Die Aufnahme immer wieder und wieder abspielend, schrieb ich alles auf, was ich verstand und bildete es, so dies ging, zu einem Kontext.

Das Resultat?

Er hat sie betrogen. Das sagte mir der auf dem Kellnerblock stehende Text. Nur die Dame konnte es nicht lesen oder verstehen. Sie sah mich erwartungsvoll an.

Ich war ein sehr großer Idiot, ich übersetzte!!!

Die Dame brach in Tränen aus und dankte mir mit einem fetten Trinkgeld!

Und die Moral von der Geschicht'?

Männer, telefoniert draußen!

Weinstein – Der „Nierenstein“ des Weißweines

Ein Gast bestellt einen Weißwein.

Gast: „Was ... ist da Sand in meinem Glas?“

Ich: „Nein, das ist Weinstein.“

Gast: „Steine? Also Sand!“

Ich: „Nein, das heißt nur Weinstein, genau genommen sind das Rückst...“

Gast unterbricht mich: „Sie schenken mir schlechten Wein aus?!“

Ich: „Nein, das sind Rückstände von Kohlenhydraten und Ballaststoffen, die sich bei der Lagerung ...“

Gast unterbricht mich wieder: „Also überlagert? Und das schenken Sie noch aus?“

Ich: „Das ist ein Qualitätsmerkmal guten Weines.“

Gast: „Das ist klar, dass Sie das nun sagen, müssen Sie ja auch, bevor Sie noch eingestehen müssen, dass Sie mir Mist ausschenken wollten.“

Ich: „Wollen Sie mir Unterschiebung unterstellen?!“

Gast: „Ja!“

Ich: „Wenn Sie keine Ahnung haben, nehmen Sie sich Ihr iPhone und schlagen das nach. Das machen Sie aber bitte nicht hier. Wenn Sie Ihren Fehler eingesehen haben, dürfen Sie gerne wiederkommen.“

Den Gast habe ich dann zur Tür geleitet. Das Unglaubliche: ER KAM WIEDER!!!

Gast: „Ich habe mir das mal durchgelesen und Sie hatten Recht. Es tut mir leid, aber ich habe sehr schlechte Erfahrungen gemacht, was Kollegen von Ihnen betrifft und bin dadurch etwas sensibel geworden. Ich hoffe, Sie nehmen meine Entschuldigung an?!““

Ich ging zum Kühlschrank, nahm eine Flasche des Weißweines heraus und reichte Sie dem Gast, mit den Worten: „Bitteschön, als kleine Entschuldigung für die schwarzen Schafe der Gastronomie."

Das passierte vor ungefähr einer Woche, seitdem kommt der Gast fast täglich auf ein Glas Wein vorbei.

Rudy, du bist ein klasse Gast!!!

Verkehrte Welt

12 Stunden Dienst. Fünf Uhr morgens. Zwei Geburtstagspartys und zwei Firmenfeiern. Völlig platt sitze ich sabbernd an der Bushaltestelle. In der einen Hand ein Bier, in der anderen den ausgetrunkenen Kaffeepappbecher. Da kommt ein Obdachloser an mir vorbei, sieht mich an und wirft ein paar Münzen in den Becher. Mit einem: „Armes Schwein, wohl neu auf der Platte!" geht er weiter.

Verkehrte Welt!

Wie werde ich ein guter Gast

Tipps und Tricks

Im Restaurant richtig verhalten? Ist ganz einfach!

Abwertende Behandlung kennt viele Beispiele. Das geht von arroganter Ignoranz bis hin zu offener Beleidigung, à la: „Sie sind nur Kellner, also tun Sie, was ich will." Oder: „Wenn Sie intelligent wären, wären Sie kein Kellner." Viele Gäste vergessen aber darüber, dass der Beruf mehr beinhaltet als Teller von der Küche zum Tisch zu tragen. Es ist kein Zeichen von Intelligenz, einen akademischen Beruf auszuüben, sondern intelligent, mit seiner Schlauheit aus dem Beruf etwas zu machen. Ein Bauarbeiter mit Abitur ist nicht überqualifiziert, sondern in der Lage, aus seinem Beruf etwas zu machen. So auch in der Gastronomie. Empathie, vorrausschauendes Denken, flexible Problembewältigung und schnelle Reaktion sind nicht nur Übungssache, sondern setzen voraus, dass man sich mit seinem Beruf auseinandersetzt. Wichtig ist, dass man sich selbst reflektiert, seine Fehler kennt und an ihnen arbeitet, nur so ist man in der Lage, stets über den Tellerrand hinauszublicken.

Ein schlechter Kellner sieht nicht die heruntergefallene Serviette des Gastes und bringt ihm eine neue. Ein guter Kellner jedoch sieht es, reagiert und übersieht er es beim ersten Mal, so stellt er den Mangel ab und schult sich stets weiter. So bleibt man nicht auf einem Entwicklungsstand stehen und wird immer besser. Die Kunst und das Ziel ist es, dass der Gast von alledem nichts mitbekommt und doch, vielen Gästen fällt es auf, wenn man ihnen eine frische Serviette reicht, obwohl sie nicht mal bemerkt haben, dass ihre alte Serviette runtergefallen ist.

Wie also benehme ich mich als Gast im Restaurant so, dass mich der Kellner nicht „hasst", ich unangenehm auffalle oder lächerliche Fehler mache? Ist man der „perfekte" Gast, wenn man den modernen Knigge gelesen hat? Muss man alle Benimmregeln erfüllen, um der „perfekte" Gast zu sein? Die Antwort ist ganz einfach: NEIN!!! Der perfekte Gast ist der, der sich vom Kellner leiten lässt. Das Motto: „Fühlen Sie sich wie Zuhause" trifft in einem Restaurant niemals zu, denn viele Gäste glauben tatsächlich, sich in einem Restaurant benehmen zu dürfen, wie sie wollen. Schmatzen beim Essen, rülpsen, lautes Gerede, telefonieren mit dem Handy oder Videos sehen. Füße auf den Nachbartisch legen, wild herumknutschen, rumfummeln und so zu tun, als wenn man alles besser wüsste.

In Wahrheit aber ist es ganz, ganz einfach. Man betritt das Restaurant und wird von einem Kellner empfangen, welcher einen zum Tisch bringt. Man lässt sich beim Aperitif beraten, beim Essen, beim Wein, beim Dessert. Ein Kellner erwartet nicht den weltgewandten Gourmet oder den professionellen Weinkenner! Und doch gibt es Gäste, welche einem noch den Beruf beibringen wollen. Gäste, die einen Sommelier beraten statt andersrum und Gäste, die einem Sternekoch erklären, wie er auf Sterneniveau zu kochen hat. Beschrieben wird hier der sogenannte „Leitwolf". Das sind zumeist ältere Herren, die bei ihrer Begleitung einen möglichst professionellen Eindruck hinterlassen wollen. Sie nehmen den Abend in die Hand, dirigieren Kellner, Sommelier und Küche und ... machen sich dabei oft lächerlich. Denn auch wenn sie vielleicht ihre Begleitung beeindrucken, so werten sie sich selbst beim Restaurantpersonal nur ab! Warum? Weil Kellner in ihrer Laufbahn mehr Menschen bedient haben als Gäste Kellner.

Ein Gast kann noch so viele Handys auf den Tisch legen, ebenso wie Autoschlüssel von Porsche, Mercedes oder

Ferrari. Ob Sie mit einer schwarzen American Express zahlen oder mit der Kreditkarte von der Hamburger Sparkasse, ist ebenso egal. Ob ein Gast nun ein Weltstar ist, ein Milliardär oder nicht, einen professionellen Kellner beeindruckt im Prinzip nur eine einzige Sache auf der Welt: Benehmen. Benehmen Sie sich natürlich, ungezwungen und lassen Sie sich beraten. Lassen Sie sich fallen und genießen Sie den Abend. Sie werden feststellen, dass das Servicepersonal am entspanntesten und freundlichsten ist, je ungezwungener Sie sich benehmen. Sie werden von einem Kellner niemals schief angesehen, nur weil Sie nicht wissen, welches Besteck für welchen Gang vorgesehen ist, Sie brauchen auch keine Angst zu haben, nur weil Sie sich nicht mit Weinen auskennen. Es ist schlichtweg unser Job, Sie zu beraten. Tun Sie also nicht so, als wären Sie professionell, die allerwenigsten Gäste sind es in der Tat!

Ein Beispiel für einen „Leitwolfgast“:

Eine Gruppe mit fünf Geschäftsleuten sitzt im Restaurant. Der Gastgeber bestellt eine teure Flasche Rotwein, die dekantiert werden muss. Dekantieren ist das Umfüllen des Rotweines in eine Dekantierkaraffe, damit der Wein atmen und somit sein volles, aromatisches Volumen entfalten kann. Alte Weine haben ein sogenanntes Depot, Rückstände von Ballast und Kohlenhydraten, welche sich auf dem Flaschenboden ablagern. Um also dieses Depot in der Flasche zu behalten, entzündet man eine Kerze. Das Licht der Kerze erhellt den Flaschenhals, läuft das Depot beim Gießen in den Flaschenhals, sieht man es und stoppt das Umgießen. Somit bleibt das Depot und ein kleiner Rest Rotwein in der Flasche. Während ich also dekantiere, erklärt der Gastgeber seinen interessiert zuschauenden

Gästen den Grund des Dekantierens folgendermaßen: „Also die Kerze dient dazu, die Temperatur des Weines zu erhöhen, da er oft zu kühl gelagert wird."

Absolut falsch und dermaßen lächerlich, dass ich mir in solchen Momenten das Lachen nur sehr schwer verkneifen kann. Peinlich wird es, wenn der Gast einen dann, um Zustimmung zu erhalten, zunickt und man selbst ... ebenfalls nur nicken kann. Es ist ratsamer, es einfach dabei zu belassen, als Gefahr zu laufen, den Gast bloßzustellen.

Das Restaurantfach (daher die offizielle Berufsbezeichnung Restaurantfachmann/- frau) ist im Prinzip schnell zu erlernen. Auch wenn wir drei Jahre lang lernen, um uns den Berufstitel zu verdienen, arbeiten sehr viele ungelernte Kräfte, vor allem in der Saisongastronomie oder in Restaurants, die wenig Wert auf fachliche Kompetenz legen. Das hat dermaßen dramatische Folgen, dass ich es erlebte, von einem Gast gefragt zu werden, was ich denn beruflich mache. Auf meine Entgegnung, dass ich gelernter Restaurantfachmann wäre, gab der erstaunte Gast zu, geglaubt zu haben, ich wäre Student. Ja, die Gastronomie ist gerade bei Studenten als Nebenberuf sehr beliebt, so beliebt, dass es fast ein inflationäres Überangebot arbeitswilliger Gastronauten gibt. Zum Leidwesen der gelernten Fachkräfte, die oft ein höheres Gehalt für mehr Leistung, auch auf fachlicher Ebene, voraussetzen. Den Spruch: „Studenten nehmen uns die Arbeitsplätze weg", habe ich vor Jahren mit einem zwinkernden Auge bereits kultiviert.

Der Gäste-Knigge

Level 1

Vernünftige Kleidung bedeutet vor allem im Sommer, nicht im Schießer Feinripp-Unterhemd und zerschlissener Bermuda-Shorts ein Restaurant in Flip-Flops zu betreten. Unrasierte Achseln und laut schmatzend Kaugummi kauen kommen auch nicht gut an.

Nicht in Badehosen und/oder Bikini ins Restaurant.

Nicht gleich ins Restaurant stürmen, sondern sich von einem Kellner zum Tisch bringen und platzieren lassen.

Steht der Tisch nicht gerade direkt vor der Klo-, Küchen,- oder Eingangstür, sollte man ihn ruhig ohne Diskussion nehmen.

Der Tisch nebenan ist reserviert, es ist daher nicht nötig, den Kellner zu fragen, ob man sich dennoch an den Tisch setzen darf.

Wenn Sie wissen, was Sie bestellen wollen, tun Sie das nicht, bevor Sie sitzen und rufen Sie dem Kellner nicht die Bestellung im Vorbeigehen hinterher.

Brüllen Sie nicht durchs Restaurant.

Machen Sie sich dezent bemerkbar. Dezent heißt entweder Augenkontakt zum Kellner oder durch eine leichte Handbewegung dem Kellner signalisieren, dass Sie was bestellen wollen. Dezent heißt nicht, laut zu rufen, mit den Armen zu winken, als hätten Sie einen epileptischen Anfall, zu pfeifen oder zu schnipsen.

Level 2

Legen Sie sich nicht auf den Tisch, wenn Sie müde sind, so wie Sie es in der Schule beim Matheunterricht taten.

Spielen Sie nicht die ganze Zeit am Handy, während Sie eine Bestellung aufgeben oder der Kellner Ihnen Ihr Essen annonciert.

Furzen, laut stöhnend strecken, am Arsch kratzen, niesen und husten, ohne Hand vor dem Mund, ist ekelhaft.

Kleben Sie Ihr Kaugummi nicht unter den Stuhl oder den Tisch.

Sie haben Schnupfen und ziehen geräuschvoll den Schnodder durch die Nase? NEIN!

Popeln, NEIN!

Level 3

Sie sind mit Ihrem Essen nicht zufrieden und wollen das dem Kellner mitteilen? So wird es gemacht: „Also das Fleisch hatte nicht den bestellten Garpunkt und das Gemüse ist zu weich gekocht, die Kartoffeln waren zu salzig und die Jus zu dünn." So wird es nicht gemacht: „Also es hat mir irgendwie nicht geschmeckt. Ich kenne es anders und irgendwie, na ja, also das war nicht so meins, bestellen Sie bitte dem Koch, dass es mir irgendwie nicht geschmeckt hat."

Bei der Weinbestellung zählt nur eins: Hauptsache Ihnen schmeckt es! Probieren Sie einen Wein, tun Sie nicht so, als seien Sie ein weltbekannter Sommelier und schlürfen so laut, dass die anderen Gäste denken, dass ein Blauwal ertrinkt. Probieren, den Wein im Mund wandern lassen und entscheiden: schmeckt oder schmeckt nicht. Sie müssen dem Kellner auch nicht erzählen, was für Nuancen Sie nun herausschmecken, denn: DAS INTERESSIERT DEN KELLNER NICHT DIE BOHNE! Schmeckt oder schmeckt nicht, fertig.

Sie rauchen? Dann tun Sie das nicht, nachdem das Essen gerade serviert wurde oder sagen dem Kellner beim Servieren, dass Sie jetzt erstmal eine schmöken gehen. Gehen Sie bei Menüs zwischen den Gängen und sagen Sie es dem Kellner rechtzeitig. Denn diese Info ist in erster Linie nicht wichtig für den Kellner, sondern für den Koch!

Level 4

Je höher die Gesamtzufriedenheit, desto größer das Trinkgeld.

Die Angst, sich zu beschweren

Lieber Gast,

mal angenommen, Sie wollen sich ein Auto kaufen, gehen in ein Autohaus und entscheiden sich für ein Modell. Der Verkäufer freut sich und lässt Sie Probe fahren. Dann aber stellen Sie fest, dass das Auto leider nicht zu Ihnen passt. Was tun Sie?

Option 1: Sie kaufen das Auto aus Angst, Ihr Gesicht zu verlieren.

Option 2: Sie sagen dem Verkäufer, dass das Auto leider nicht zu Ihnen passt und Sie sich ein anderes kaufen.

Die allermeisten wollen kein Geld ausgeben für etwas, das sie nicht wirklich wollen, und entschließen sich für Option 2.

Wieso machen Sie es im Restaurant nicht genauso? Wieso zwingen Sie sich ihr Essen rein, wenn es Ihnen nicht schmeckt, nur um sich dann bei Portalen wie Tripadvisor darüber zu beschweren, wie schlecht das Essen war, statt es dem Kellner sofort zu sagen, sodass er darauf reagieren und handeln kann?

So oft kommt es nicht vor, dass das Essen nicht den Erwartungen des Gastes entspricht, und es ist unproblematisch für den Gastronom, dem Gast ohne zusätzliche Kosten ein neues Gericht zu servieren. Doch leider trauen sich Gäste oft nicht zu reklamieren, nur um bei der Frage des Kellner zu sagen: „War nicht so meins.“ oder „Das kenne ich sonst anders.“

Also trauen Sie sich den Mund aufzumachen, wenn der Kellner mehrmals an den Tisch kommt und nach der Zufriedenheit fragt!

Fast-Food-Wahnsinn

Kentucky fried Nervensäge

Ihr kennt das: Man hat Hunger, ist irgendwo in der Walachei und das einzige Angebot besteht aus McDonald's, Burger King und KFC.

Ich also rein in den KFC, stehe in der Schlange und überlege mir, was ich essen will. Dann kommt der Mann vor mir an die Reihe und fragt den Verkäufer: „Das Huhn, ist das aus Massentierhaltung?"

Der Verkäufer überlegt, dreht sich um, guckt, dreht sich wieder um und sagt: „Welches Huhn?"

Da musste ich das erste Mal lachen. Der Kunde: „Na, was Sie hier anbieten."

Verkäufer: „Sie meinen die Fleischteile?"

Kunde: „Ja, die stammen doch vom Huhn, oder?"

Verkäufer: „Ja, glaube schon."

Kunde: „Und stammen die aus Massentierhaltung?"

Verkäufer: „Meinen Sie verarbeitet oder unverarbeitet???"

Kunde: „Verarschen Sie mich nicht, Sie wissen genau, was ich meine."

Verkäufer: „Also, die Hühner stammen aus der Region von Bauern unseres Vertrauens. Wir kontrollieren die Hühner noch vor der Verarbeitung ganz genau auf Fleischgehalt und Nährwert. Jedes Huhn wird von Hand unter Aufsicht eines Priesters sanft und produktschonend geschlachtet."

Kunde: „Bei den Preisen kann man es erwarten. Geben Sie mir einen normalen Chicken Burger."

Verkäufer: „Männlich oder weiblich?"

Kunde: „Was?"

Verkäufer: „Wir verkaufen geschlechtsgetrennt, aus religiösen Gründen."

Kunde: „Also, das ist mir zu kompliziert, ich gehe zu McDonald's!"

Mittlerweile wurde ich durch den Kollegen an der Nebenkasse bedient und entschloss mich, ob dieser interessanten Fachdebatte meine Bestellung in Hörweite zu verzehren. Ernsthaft, dass es Leute gibt, die bei KFC, Mäckis oder Burger King nach Massentierhaltung fragen???

Fakt war aber: Der Verkäufer war so geil, dass ich ihm erstmal ein kleines Trinkgeld gab.

Die „Very Berry Hibiscus with real blackberries"-Krankheiten

Wer heute einen Kaffee kaufen will, der stößt schnell an seine Grenzen. Denn anders als früher, steht der Kunde heute vor einem kaum noch zu durchblickenden Angebotswirrwarr, welches zum einen Englisch für Fortgeschrittene und zum anderen Geduld verlangt. Der Kaffeedurst zwang mich vor Kurzem, einen Starbucks zu betreten. Jung, frisch und dynamisch wirken diese „Kaffee-McDonald's". Ich bin wohl das, was man einen Langweiler, Spießer oder Altmode nennt, denn ich trinke ausschließlich Filterkaffee. Meine Überforderung setzte beim Anblick der gigantischen Angebotstafel sofort ein. „Gibt es hier überhaupt Filterkaffee oder werde ich gleich hinaus geworfen?", fragte ich mich, als meine Gedanken von der Frage der sehr nett lächelnden Verkäuferin in die Realität zurück geworfen wurden. „Was kann ich für dich tun?"

Huch? Ich werde geduzt. Ok, ungewohnt, aber den Blick nicht von der Angebotstafel gewandt, entgegnete ich leicht irritiert: „Ich wollte nur einen Kaffee."

„Was denn für einen?"

„Sambia Black Pearl oder Kenia AA wäre super."

„Äähm, was soll das sein? Ich glaube, das haben wir nicht."

„Das sind Kaffeesorten."

„Ach so, die kenne ich nicht."

„Ok, dann nehme ich einen Pott Kaffee."

„Gerne, welchen willst du denn?"

„Schwarzen Kaffee."

„Siebträger-, Filter-, oder eine Kaffeespezialität?"

„Filter."
„Ok, welche Größe?"
„Einen Pott."
„Hm, also wir haben Tall, Grande, Venti oder Trenta."
„Kannst du mir nicht einfach einen Pott Kaffee machen?"
Sie wurde leicht unsicher oder vielleicht auch genervt, genau konnte ich es nicht wissen, nur an der hinter mir länger werdenden Schlange erahnen.
„Ok ... dann Grande. Möchtest du einen Flavour dazu?"
„Ein Aroma?"
„Ja, einen Flavour."
„Milch und Zucker langt!"
„Was für Milch? Normal, fettarm, Soja, laktosefrei oder Kondensmilch?"
„Kondensmilch!"
„Wie heißt du?"
Da wurde es persönlich. Wieso fragte die Dame mich das? Und wenn ich die Frage beantwortete, fragte sie dann noch nach meiner Nummer? Ich riskierte es.
„Olli."
„Danke, wir rufen dich dann, wenn dein Kaffee fertig ist."
„Aber den will ich doch hier trinken."
„Ach so, gut. Willst du dazu noch was essen?"
Ich hätte unter Umständen Lust dazu gehabt, welche mir aber vergangen ist, als ich das ebenso unverständliche Angebotswirrwarr der Speisen erblickte und antwortete: „Nein, danke."

Man bekommt nie, was man will, besonders nicht bei McDonald's!

Als Kind bekam ich von meiner Mutter immer eine Wundertüte, wenn wir beim Tante-Emma-Laden um die Ecke ein paar Kleinigkeiten einkauften. Wundertüten sind super, man weiß nie, was man bekommt. So ist es heute auch, wenn man bei McDonald's eine größere Bestellung aufgibt. Man kann am Ende sicher sein, dass das, was man bestellt hat, so nicht in der Tüte steckt. Egal in welcher Stadt man ein McDonald's-„Restaurant" betritt, die Bestellung läuft, ähnlich wie bei Starbucks, immer gleich ab:

„Ich hätte gerne einen McChicken, einen BigMac ohne Tomaten, zwei Cheeseburger, eine Apfeltasche, eine Portion Pommes mit wenig Salz und Majo und eine mittlere Cola ohne Eis."

„Menü oder einzeln?"

„Einzeln."

Die Bestellung muss man dann nochmals wiederholen, damit der Mitarbeiter alles korrekt (?) in die Kasse hackt. Dann geht es los:

Der Mitarbeiter sieht konzentriert auf die Kasse,

dann geht er an den Wärmetresen, um den McChicken zu holen. Der muss aber erst noch gemacht werden,

dann geht er wieder zur Kasse und sieht erneut drauf,

dann geht er den BigMac holen,

sieht wieder auf die Kasse,

geht dann zwei Cheeseburger holen,

dann sieht er wieder auf die Kasse,

der McChicken ist fertig aber,
erstmal auf die Kasse gucken,
dann die Cheeseburger einpacken,
ach ja, der McChicken muss noch eingepackt werden,
dann der Blick auf die Kasse,
dann die Apfeltasche,
der Blick auf die Kasse,
dann kommen die Pommes,
der Kassenblick,
dann die Cola,
„Cola ohne Eis?"
„Ja, ohne Eis bitte."
Also wird eine neue Cola gemacht,
dann der Blick auf die Kasse,
„Pommes, welche Soße?"
„MAJO!"
„Ok."

Dann wird alles zusammen gepackt und nochmals auf die Kasse geblickt.

Und am Ende? Genau: Der BigMac war ein McRib, statt einer Apfel- wurde es eine Kirschtasche, die Pommes normal gesalzen, aber wenigstens gab es keine Tomaten. Natürlich habe ich das jetzt etwas überspitzt, oft aber läuft eine Bestellung bei McDonald's so ab. Da empfiehlt es sich das Kurzzeitgedächtnis zu trainieren, denn wenn ich so einen Dialog mit einem Gast am Tisch im Restaurant aufziehen würde, täte er gut daran zu glauben, dass ich ihn verarsche.

Spaß bei der Arbeit

Wie Humor dem Kellner helfen kann

Die Kellner-Nanny mit dem Hackebeil

Kellner müssen oft zu drastischen, pädagogischen Mitteln greifen, um Eltern in der Erziehung der Kinder beizustehen. Das tun wir nie ungefragt und noch weniger freiwillig, vielmehr werden wir einfach mit einbezogen oder soll ich eher sagen hineingezogen?

Gestern ein Vater zu seinem Sohn: „Malte, wenn du jetzt nicht sofort anfängst, dich zu benehmen, kommt der Koch mit dem Beil!"

Ratet mal, was ich gemacht habe!

Auszubildende und das „MacGyver-Syndrom“ oder wie flexibel ist man wirklich?

Auszubildende haben manchmal eine ganz andere Sicht auf Dinge, die für uns „alte Hasen“ nach Jahren verblassen. Dass Problemlösungsansätze dabei grotesker nicht sein können, zeigt folgendes Beispiel:

Auszubildende sind Mitarbeiter, welche durch ihre fachfremde Naivität Entscheidungen treffen, die so unkonventionell sind, dass jeder betriebsblinde Fachidiot nie darauf gekommen wäre.

Während also drei Fachleute nach einer Blumenvase für den Strauß eines Gastes suchen, greift sich Susi die Dekantierkaraffe und stellt die Blumen da rein, mit der Bemerkung, die steht so schön stabil durch ihre bauchige Form.

Das fand ich so genial, dass ich nur anerkennend mit dem Kopf nicken konnte.

Ungebetene Gäste und deren Sozialkompetenz „Heute gibt es SpanMERKEL“

Dass der Gast viel Humor hat, ist sicher. Nur manchmal weiß er das eben nicht. Und spontaner Humor, ein Witz aus dem Nichts, ist das Beste, was es geben kann. Nach den großen Erfolgen der AfD in Sachsen-Anhalt ergab sich dadurch ein kurzer Dialog, der mich noch tagelang zum Lachen brachte:

„Haben Sie gewählt?“
„Ja, aber nicht die AfD!“
„Falls es die Grünen waren, gibt es heute nur Salat, vegetarisch.“
„Ach so, nein, es war die CDU!“
„Dann habe ich noch frisches SpanMERKEL!“

Der Gäste-Goethe

Wenn Gäste versuchen lustig zu sein, kommen dabei die absurdesten Sprüche zum Vorschein.

Hier meine aktuelle Auflistung der „besten“ Sprüche:

Eine Elbsuppe bitte! – Wer hierbei eine schmuddelige Suppe vor Augen hat, der sollte versuchen, so abstrakt wie möglich zu denken. Denn wer an der Elbe arbeitet, wird schnell herausfinden, dass der Gast einem klar machen will, dass man eben nicht an der Alster arbeitet und eben dann kein Alsterwasser bestellt, sondern versucht, etwas Lustiges daraus zu machen. Elbsuppe zum Beispiel. Klingt scheiße, ist es auch.

Machen Sie mir einen Afrikanischen! – Umgangssprachlich für Kaffee to go = Kaffee Togo = Togo in Afrika = TOTAL UNWITZIG!

Ich muss mal auf Bewährung raus – Der Gang in die Kachelstube, sprich, das Klo. Komm da mal drauf, wenn das ein Gast zu dir sagt.

Haben Sie panierten Österreicher? – Nein, wir haben kein Wiener Schnitzel!

Einmal schlechte Nachrichten bitte! – Schlechte Nachrichten = die Rechnung.

...Und zwei Haldenpilz dazu! – Haldenpilz = zwei Bier, die unmittelbar nach dem Servieren der ersten Runde so weit

hochgezogen werden, dass nach Verzehr der ersten, die Haldenpilze sofort serviert werden können.

Taxi! – Umgangssprachlicher Rufname für Kellner.

Mach mal Deckel! – Die Rechnung bitte!

Bordsteinwürstchen – Der arme Kollege, der auch im Winter am Schwenkgrill vorm Baumarkt steht.

Mietsklaven – Kellner für Caterings.

Auszubeutender – Umgangssprachlich für Azubi.

Schlacke – Umgangssprachlich für Soßen.

Gesundheitsamt! – Beliebter Gruß bei mehr oder weniger lustig angetrunkenen Mittvierzigern, die gerade das Restaurant betreten.

Ist da 'n LKW drüber gefahren? – Nein, Schollen sind so platt, genau wie dieser Kommentar.

Geht auf's Haus! – Ja, gerne. Ich kenne dich nicht, ich sehe dich nie wieder und du hast gespart, wo es geht, aber ich soll dich einladen. Klar.

Gibt es hier was umsonst? – Beliebter Kommentar gestresster Ankömmlinge, die in einem vollen Restaurant keinen Platz bekommen.

So wie Sie arbeiten, hätte ich gerne Urlaub! – Sagen immer die Gäste, die nach extremem Stress aussehen, wie Banker oder Parkhauswächter.

Das Filet darf noch zucken. – Klassiker bei der Garstufenabfrage von Rinderfilet.

Ist das Essen vergoldet oder warum so teuer? – Handwerk = Kosten.

Ich wollte nicht den ganzen Laden kaufen. – Würdest ohne Hensslers Hilfe eh pleitegehen.

Die Rechnung und deine Nummer! – Beliebte Anmache von schleimigen Arschgeigen auf der Suche nach Frischfleisch.

Mussten Sie das Schwein noch schlachten? – Ich kann der Sau auch lebend einen Apfel ins Maul stecken und es dir auf den Tisch legen.

Wo kein Eis liegt, dürfen Sie laufen! - Wo keine Intelligenz ist, darf die Fresse gehalten werden.

Und in eigener Sache:

RESTORANG

Stimmt es, dass ...?

Eben ein Gast: „Sag mal, stimmt es, dass, wenn in der Küche etwas auf den Boden fällt, wie Fleisch zum Beispiel, dass der Koch es dann trotzdem noch weiter verarbeitet?"

Ich: „Klar, die ‚Drei-Sekunden-Regel'."

Gast: „Und auch, dass Bier, welches zu viel gezapft wurde, auch noch nach minutenlangem Stehen mit frischem Schaum an den Gast geht?"

Ich: „Klar, das Sieben-Minuten-Bier."

Gast: „Und dass korkiger Wein noch ausgeschenkt wird?"

Ich: „Klar, Barrique!"

Gast: „Stimmt es auch, dass alte Jus als Basis für neue Jus weiter verarbeitet wird?"

Ich: „Klar, gibt Geschmack!"

Gast: „Und dann habe ich gehört, dass Kellner oft zu kurz gegarten, nicht durchgebratenen Fisch als ‚glasig' verkaufen, richtig?"

Ich: „Richtig!"

Gast: „Mir hat mal einer erzählt, dass TK-Ware oft als Frischware verkauft wird."

Ich: „Das merkt eh keiner!"

Gast: „Und dass Barkeeper oft zu wenig Wechselgeld rausgeben?"

Ich: „Zählt eh niemand nach!"

Gast: „Aber das ist doch alles kriminell!"

Ich: „Ja, willkommen in der Gastronomie!!!"

Sicheres Auftreten bei absoluter Ahnungslosigkeit

Sicheres Auftreten bei absoluter Ahnungslosigkeit oder meine Lieblingsausreden

Jeder, wirklich jeder Kellner kennt das: Ein Gast fragt etwas und man antwortet mit einer möglichst plausiblen Notlüge. Entweder weil man weiß, dass die Frage gerade keiner beantworten kann oder weil der Gast einfach scheiße ist und keine bessere Antwort verdient. Je plausibler und ernster man Schwachsinn erzählt, umso mehr leuchtet es ein und wird geglaubt.

1. Gast: „Herr Ober, der Wein ist korkig."

Meine Ausrede: „Das ist kein Kork, sondern Barrique. Es erweckt oft den Eindruck, dass der Wein korkig schmeckt, aber das ist die Barrique."

***

2. Gast: „Die Schweinemedaillons sind zäh!"

Meine Ausrede: „Ligurisches Hausschwein ist auf Grund der kräftigen Muskulatur immer etwas zäher, auch weil die Schweine weniger Fett ansetzen als ihre Artgenossen."

***

3. Gast: „Die Bratkartoffeln sind ja total dunkel."

Meine Ausrede: „Das sind Altländer Spätkartoffeln, die haben einen höheren Stärkeanteil als Frühkartoffeln und werden daher dunkler, aber das ist normal!"

***

4. Gast: „Wir haben extra einen Tisch am Fenster reserviert, nun ist der belegt."

Meine Ausrede: „Da zieht es zu sehr, für Sie habe ich einen Tisch, wo es nicht so zugig ist und dort ist auch eine bessere Aussicht." (Von der Nähe zum Klo kann man da geschickt ablenken.)

***

5. Gast: „Wir warten seit über einer halben Stunde auf den Dorsch."

Meine Ausrede: „Ja, Dorsch darf nicht bei zu hoher Temperatur zubereitet werden und daher dauert der sehr lange, ich dachte, Sie wussten das?"

***

6. Gast: „Am Telefon sagten Sie mir, eine Taxifahrt zu Ihnen kostet circa 10 Euro, wir haben 30 bezahlt."

Meine Ausrede: „Dann ist der Taxifahrer Umwege gefahren."

***

7. Gast: „Können Sie was empfehlen?"

Meine Ausrede: „Die Seezunge (der teuerste Hauptgang) ist gerade erst vor einer halben Stunde geliefert worden und deswegen noch besonders frisch!" (Bullshit, aber die Gäste glauben es, zumal alle Fische längere Zeit auf Eis liegen.)

***

8. Gast: „Wir warten seit über einer halben Stunde auf das Essen."

Meine Ausrede: „Da gab es ein Problem mit dem Strom in der Küche, wir arbeiten dran." (Dabei habe ich nur vergessen abzurufen.)

***

9. Sitzt ein Gast ewig im Restaurant, einfach den Feuermelder anmachen und den Laden vorsorglich evakuieren, sicher ist sicher. Kassieren kann man dann vor der Tür.

***

10. Gast: „Das Gemüse, war das Porree?"

Meine Ausrede: „Ja." (Dabei war es Kohlrabi.)

***

11. Gast: „Kann ich mit Kreditkarte bezahlen?“

Meine Ausrede: „Leider nicht, unser Lesegerät ist defekt.“ (Dabei habe ich nur vergessen, Bonrollen zu bestellen.)

Kellner-Deutsch

Kellner-Deutsch und seine wahre Bedeutung

Im Nachfolgenden habe ich Sätze gesammelt, welche Kellner oft sagen, deren Bedeutungen aber oft anders sind, als man denkt:

„Sehr gerne." – Wird von Kellnern oft dann gesagt, wenn Gäste besonders nervig, anstrengend oder nur doof sind. Im Gegensatz zu „gerne" ist die Steigerung „sehr gerne" zynisch und durchaus nicht wörtlich zu verstehen.

„Ich gebe Ihre Anregungen/Beschwerden gerne weiter." – Wenn ein Gast sich über irgendwas beschwert oder Anregungen gibt, bekommt er diesen Satz zu hören. Die eigentlichen Aussagen dahinter sind zwei:

1. „Ich habe keine Zeit für deinen Mimimi-Müll und habe noch mehr Gäste zu pflegen!"

2. „Was du mir hier erzählst, höre ich permanent und wenn ich damit meinen Chef nerve, bekomme ich den Ärger!"

„Auf Wiedersehen und bis zum nächsten Mal." – „Bitte kommt nie wieder und falls doch, will ich an dem Tag frei haben."

„Die Zufriedenheit unserer Gäste ist uns sehr wichtig." – Na ja, im Grunde ist uns nur das Geld der Gäste wichtig und

dass sie es jederzeit bei uns wieder ausgeben. Die Kuh wird ja auch nur deswegen gefüttert, damit sie Milch gibt. Deswegen füttern wir den Gast, damit er Geld gibt.

„Sie zahlen zusammen?" – Dezente Aufforderung an die 50 Pax starke Seniorenkompanie, die Scheißrechnung selbst auszuklamüsern, damit man nicht die nächsten 40 Minuten damit zubringt, aus einer Rechnung 50 zu zerhacken. Sollte ja zu schaffen sein, dass jeder weiß, was er hatte. Gute Idee? Ja, aber klappt nie!!

„Natürlich werden wir sofort die Toiletten reinigen." – Jeder kennt den Hinweis der Gäste, auf einem Sonnabendnachmittag, dass die Toiletten total abgerockt und versifft sind. Kein Wunder, wenn Frauen im Stehen pinkeln und sie ihren Urin wie eine Sprinkleranalge durch die Kabine pressen, Männer ihre Bremsspuren nicht beseitigen oder Mütter versuchen, Windeln durch den Abfluss zu pressen. Da hat man als Kellner nichts Besseres zu tun, als Scheißhäuser zu putzen und begrüßt Gäste mit: „Setzen Sie sich schon mal, ich reinige eben schnell die Klos und bin dann gleich bei Ihnen."

„Kollege kommt gleich." – Der nervige Stammgast, den niemand leiden kann, aber der immer wiederkommt und so einen Satz hört, weiß, dass der Kellner, der es sagt, den Azubi holt, damit der ihn bedient. Oft aber impliziert der Satz auch, dass man einfach nicht für die Station zuständig ist und nicht im Revier des Kollegen wildern will. Obwohl der Satz oft verschrien ist, hat er durchaus seine organisatorische Bedeutung, denn auch ein Food- oder Beverage-Runner soll keine Bestellungen annehmen. Es ist also

die Interpretationsaufgabe des Gastes, zu entscheiden, wie der Satz gemeint ist.

„Wie schmeckt es Ihnen?" – Mir doch egal, ob es dem Gast geschmeckt hat, ich will nur verhindern, dass er alles auffrisst und am Ende dann sagt, dass er reklamieren will, was schon den Weg in seinen Darm sucht. Es geht vor allem darum, Reklamationsansprüchen entgegen zu wirken, welche am Ende nur finanzielle Einbußen bedeuten.

Wer im Glashaus sitzt ...

Wer im Steinhaus sitzt, sollte nicht mit Gläsern werfen.

Gast: „Ich hätte gerne einen Kaffee."

Ich: „Gerne."

Ich serviere den Kaffee.

Gast; „Ist das Filterkaffee?"

Ich: „Ja."

Gast: „Filterkaffee mag ich nicht, haben Sie Espresso?"

Ich: „Ja."

Also Kaffee wieder mitgenommen und wenig später einen Espresso serviert.

Gast: „Haben Sie etwas Milch?"

Ich: „Ja."

Milch serviert.

Gast: „Die ist ja warm, die Milch, haben Sie auch kalte Milch, mir ist der Espresso zu heiß."

Ich die Milch wieder mitgenommen und kalte serviert.

Gast: „Haben Sie Wasser?"

Ich: „Ja."

Gast: „Dann nehme ich ein stilles, aber Zimmertemperatur."

Ich serviere das Wasser.

Gast: „Ist der Keks glutenfrei?"

Dann platzte mir der Kragen!!!

Ich: „Nein, leider, aber ich bringe Ihnen gerne ein Stück Brot."

Gast: „... ungewöhnlich, aber zum Neutralisieren ok. Gerne."

Ich bringe das Brot und frage: „Möchten Sie etwas Butter?"

Gast: „Gerne."

Ich serviere Butter und frage: „Wir haben auch noch etwas Paprikadip."

Gast: „... gerne."

Ich serviere den Dip und frage: „Möchten Sie auch eine Serviette?"

Gast, der nebenbei am PC arbeitete: „... ja."

Ich bringe die Serviette und frage: „Möchten Sie noch einen Espresso?"

Gast: „Nein."

Ich gehe und komme eine Minute später wieder: „Möchten Sie noch ein Wasser?"

Gast zunehmend genervt: „Nein!"

Ich gehe und komme eine Minute später wieder: „Möchten Sie noch Wasser?"

Gast: „Ich will jetzt in Ruhe weiterarbeiten und nicht permanent von Ihnen belästigt werden!"

Ich: „Sehen Sie, ich auch nicht!!"

Kopf oder Zahl

Probleme unkonventionell lösen

Gestern auf der Terrasse war noch EIN Tisch frei. Zwei Pärchen kommen zeitgleich an. Sehen den Tisch und stürmen drauf los. Getreu dem Spiel „Reise nach Jerusalem" blockierten die Frauen sofort die Stühle. Dann ging der Kindergarten los: „Wir haben den Tisch zuerst gesehen." „Aber wir waren eher da!" „Wir wollen aber den Tisch!" „Nein, wir!!"

Mimimimimimimimi

Ich guckte es mir kurz an, dann stellte ich mich an den Tisch, nahm mein Kellnerpoppi aus der Tasche und zog ein Zwei-Euro-Stück raus. Ich deutete auf das linke Paar und sagte: „Ihr seid Kopf." Dann deutete ich auf das rechte Paar und sagte: „Ihr seid Zahl."

Ich schnipste die Münze hoch und fing sie klatschend auf, wartete einen spannungsgeladenen Moment und deckte die Hände auf: Zahl! Das rechte Paar bekam den Tisch. Ohne weiteren Kommentar ging ich wieder.

Verblüffend das Resultat, denn nach einigem Gelächter saßen beide Paare gemeinsam am Tisch. Die fanden die Aktion so lustig, dass sie ihren Kampf darüber vergaßen.

So kann es eben auch gehen!

Wenn die AfD einen Tisch reservieren will

Ich habe gestern folgende E-Mail erhalten. Aus Datenschutzgründen kopiere ich die Anfrage sowie meine Antwort hier als bloßen Text (jedoch O-Ton):

Sehr geehrte Damen und Herren.

Wir würden gerne am 10.11.2016 einen Tisch für ca. 15 Personen bei Ihnen reservieren. Da es sich um ein Sitzungstreffen handelt, würden wir uns über einen separaten Raum freuen, den wir in der Zeit von 18:00 Uhr bis 22:00 Uhr in Anspruch nehmen würden.

Ebenfalls würden wir uns freuen, wenn:

- Sie uns die Reservierung schriftlich bestätigen würden,
- und uns einen Menüvorschlag unterbreiten würden.

Das Menü sollte vier Gänge nicht überschreiten und nicht mehr als € 100,- pro Person kosten.

Die Kosten gehen auf Gesamtrechnung und werden vor Ort bezahlt.

Mit freundlichen Grüßen,
[Name]
Alternative für Deutschland
Landesverband [xy]

Meine Antwort lautete wie folgt:

Sehr geehrter/e [Name],

gerne unterbreite ich Ihnen folgenden Menüvorschlag:

1. Gang
Führer salad mit Sinti und Roma Tomaten, Reichsberg-salat, Senfgasdressing und Nillenkäse.

2. Gang
Nazi Goreng mit Reichsmeergarnelen
Oder
Musollini gefüllt mit Reichscotta und Spinat

3. Gang
Holger Apfelstrudel mit Ficksahne und Nazipancreme

Dazu reichen wir folgende Weine:
1933 Obersalzbergener Berghof, Führerrebe, trocken
1945 braunauer Plörr de rouge, Abscheurebe, trocken
An Wasser haben wir Geroldsteiner mit Gas

Das Menü können wir Ihnen für € 88,- pro Kamerad anbieten.

Gerne bestätige ich Ihnen Ihren Einmarschtermin.

Petry Heil!

Der Kellner

Beruf, Berufung und andere Besonderheiten

Gastronauten und Menschen, die gastrosexuell sind

Wir sind Gastronauten

Wir sind es gewohnt, unseren Horizont mit Hilfe einer Vielzahl qualitativ hochwertiger Spirituosen in die Weite des Universums zu katapultieren. Der Gast? Er weiß es nicht, er merkt es auch nicht, wenn wir gelackmeiert wie aus einem Herrenmagazin gepuhlt vor ihm stehen, noch vollkommen gesättigt von der Packung Pfefferminzbonbons, die dem Gegenüber den frisch geputzten Eindruck der saubersten Colgate-Beißer vermitteln, während ungeheure Mengen an Ethylalkohol durch die Nervenbahnen ziehen. Gewiss ist die Hochstimmung ekstatischer, servicedevoter Willensbereitschaft echt und das Lächeln mit den vor Freude glasigen Augen herzlicher als das einer Mutter ihrem Kinde gegenüber.

Ja, gewiss, ich habe auch in einem Zustand innerer „Ruhe" ein Ohr für alles, auch die Lautstärke der durchaus nachvollziehbaren Beschwerde geht im Verständnis des für uns normalen Mitleids unter. Wir haben ein umfangreiches Privatleben, das wir irgendwo in Quarantäne, in einem Ghetto mit unseren Familien fristen, fernab des gastorientierten Schillers, weltfremder Augenwischerei, fern der Einsicht jedes Gastes. Wir verstehen uns darauf, uns perfekt zu tarnen, die schicke Uniform des Alltags anzulegen, um unterzugehen in der Masse der Anonymität, denn wo der Gast ist und er sich aufhält, nähert sich ein Gastronom nur in Uniform, um sich in gebückter Haltung dem Wunsch des Gastes zu ergeben.

Wir verstehen uns darauf, unsere eh schmale Intelligenz auf das Nötigste zu reduzieren, um dem Gaste ein stetes Gefühl der Überlegenheit zu bieten, ohne Aufbegehren, ohne Anmaßung. Der Klügere gibt nach, der Klügere ist der Gast, der stets bereit ist, aus seinem Grundverständnis des Anstandes, der Bildung und Erziehung dem Kellner die Pauschalentschuldigung, welche fast automatisch, gar einstudiert, geistig ungesteuert von dessen Lippen kommt, abzunehmen und des Mitleides wegen und dem niederen Stande des Kellners sein Los mit einer kleinen Aufwendung milder zu stimmen.

Der Kellner versteht sich im Ertragen von Schmerzen und Widrigkeiten jeder Art, er nimmt hin und an und klagt nicht, denn er bleibt standesgemäß, fast kastenhaft, gleich einem Inder, in der traditionellen, ihm zugedachten Schicht. Er bricht nie aus, wohin auch? Er bleibt und dankt, dass er einen einigermaßen kultivierten Beruf ausüben darf, der der Bildung seiner gesellschaftlichen Stellung entspricht. Schafft er es, die Ketten zu sprengen, bleibt ihm nur noch die Systemgastronomie oder das Ordnungsamt, jene Schichten, die nur noch vom Beruf des Scharfrichters überboten werden können.

Der Kellner versteht sich darauf, zu danken, wo es nur geht, getreu dem Bibelmotto: Wenn dir einer auf die linke Backe haut, halt die Rechte auch gleich hin. Nein, vielmehr, er hält den Arsch hin, der hart und unbeugsam den Tritten gelassen entgegensieht. Es muss weiter gehen!

Es scheint eine Art ungeschriebenes Gesetz zu sein, Servicepersonal abwertend zu behandeln. Der Leser scheint nun den Kopf zu schütteln und lehnt diese „Unterstellung" insgeheim für sich ab. Jedoch ist es oft genug so. Der Grund dafür scheint darin zu liegen, dass viele Gäste der Meinung sind, sich in einem Restaurant benehmen zu dürfen, wie man will; man ist ja schließlich Gast und der Kunde bekanntlich König.

Die „Rüdiger Nehbergs" der Gastronomie

Köche

Köche gelten im Allgemeinen als die „Rüdiger Nehbergs" der Gastronomie. Sie leben tief in den Eingeweiden eines Restaurants in relativer Hitze mit fettigen klimatischen Bedingungen und unter dem oft, jedoch nicht zwingend erforderlichen Zugebrüll eines stets unzufriedenen und nach Perfektion strebenden Küchenchefs, der in seinem Büro sitzt, Bestellungen macht, Menüs schreibt oder in Hochglanzkatalogen vom neuen Konvektomaten träumt, den ihm der Chef jedoch verwehrt. Aus Kostengründen. Aus Kostengründen versteht sich der Koch darauf, aus oft mangelnder Qualität dem Gast kulinarische Orgasmen zu zaubern. Dies macht ihn zum Meister der Improvisation, der spontanen Reaktion und zum Jongleur strategischer Phantasie, im Endeffekt gerade so, dass es dem Kellner nur zu heiß werden kann, dem Gast jedoch als gewollte, als beabsichtigte Kreation serviert wird.

Nichts kann einen Koch wirklich aus der Ruhe bringen, wäre da nicht der Sonderwunsch des Gastes. Abweichungen und Änderungen sind dem Koch ein Dorn im Auge, er fühlt sich gar beleidigt, missverstanden und dazu genötigt, seine Kreation, sein Werk, durch den Gast verschandelt zu sehen. Hat man van Gogh etwa den Pinsel anders schwingen lassen, weil es seinem Auftraggeber nicht passte? Nein, und so nimmt es der Koch hin, lässt seiner Wut am Kellner freien Lauf und schreibt den Bon um. Was gedruckt ist, ist Gesetz, denn der Koch reagiert nicht auf

Zuruf, sondern auf zuschreiben. „Schreib es auf" ist ein Satz, den jeder Azubi jenseits des Passes schnell in sich aufnimmt.

Der Koch ist hart im Nehmen. Er kennt den Verlauf der Zeit nicht, ihm bedeutet die Chronologie des Tages nichts, er hat nur den Blick für das Unmittelbare, er rührt, er richtet an, er annonciert, er flucht, er lobt, er fragt stets nach der Zufriedenheit des Gastes und ehe er sich versieht, ist ein Uhrenumlauf rum. Zufrieden sieht er auf die abgearbeiteten, oder eher abgekochten und aufgespießten Bons, er nimmt wohllächelnd und sein Feierabendbier nippend den Satz des Kellners „Restaurant dicht" entgegen und bedankt sich für den schönen, erfolgreichen Abend.

Köche beschweren sich nie, tun sie es, so dann nur, wenn durch die unbeabsichtigt ruckartige Aufnahme des Tellers durch den Kellner die filigrane, hochtürmig angerichtete Hochrippe vom Weidelamm zusammenbricht wie der Dax nach dem 11. September. Noch eben besah er sein Werk bis Kellner-Tollpatsch aus geordneter Knochenkunst ein 08/15 Anrichtungsmassaker verursachte. Der Koch beschwert sich auch nicht, wenn er sich verbrennt, schneidet, quetscht oder verbrüht, er schreit auf, wirft eine Pfanne, flucht und kocht weiter, so unermüdlich als hinge seine Existenz daran. So weit her scheint das nicht zu sein, denn der Koch legt seine Seele in die Pfanne, warum sollte er sich in seinem Streben dann beschweren?

Der Koch ist stets besorgt um die Meinung des Gastes. Kommt der Kellner beladen mit ausgehobenen Tellern versehentlich am Koch vorbei, sodass dieser einen sichtlichen Rest seines Werkes sieht, so kommt gleich die besorgte Frage: „Hat es dem Gast nicht geschmeckt?" „Doch!", sagt der Kellner und der Koch entgegnet: „Du hast ihn doch gar nicht gefragt, geh ins Restaurant und frag nach, aber zack." Der Kellner entgegnet nichts und tut wie ihm geheißen, er weiß, dass es nichts zu entgegnen gibt. Der Koch ist unbeugsam, genau und pedantisch darauf bedacht, keine Reklamation zuzulassen, die nur Mehrarbeit und das unbezahlt bedeutet.

Der Koch ist wie ein Raubtier, stelle es zufrieden und lebe sicher, ärgere es, gib ihm zu wenig Bier oder zu wenig Gäste und der Trieb geht mit ihm durch. Dann heißt es, die leckere, junge und deswegen oft auch unwissende Azubine zum Fraß vorwerfen und abhauen.

Der Barkeeper

Der Barkeeper ist der Empath unter den gastronomischen Primatenarten. Wie kein anderer versteht er es, die Stimmungslage des Gastes ohne ein für andere erkennbares Zeichen zu deuten und entsprechend im Kopf bereits ein passendes Getränk zu kreieren. Er ist von Natur aus ein Zuhörer, ein Mensch des Verständnisses, des Ausgleichens und Vermittelns, kurz, er ist fast eine Frau. Nicht nur deswegen wage ich diesen chauvinistischen Vergleich, viel mehr ist der Barmann an sich auch ein Multitasking-Naturtalent. Er mixt ein Getränk, während er sich mit einem Gast unterhält, ein anderer leidlich Angetrunkener von der geschiedenen Noch-Ehefrau schwadroniert, ein weiterer zahlen will, der Nächste bestellt und er nebenbei der betrunkenen Proste nach erfolgreicher Schicht ein Taxi ruft. Wunderlich und gar übermenschlich mutet die Gleichgültigkeit, die Besonnenheit und Ausgewogenheit an, denn der Barkeeper gerät nie in Stress, optimiert schon sechs Gäste im Voraus seine Arbeitsschritte und schafft es noch nebenbei Gläser zu polieren und die Scherben des vom nervösen Azubis der Schwerkraft geschuldeten Abräumgläser mit bloßen Händen vom Boden aufzusammeln, ohne sich zu schneiden.

Der Barkeeper ist in Art und Wesen zwar das Gegenteil des Koches, doch fachlich so nahe am Halbgott in Weiß wie kein anderer Branchensklave. Denn der Barkeeper ist ein Koch liquider Gaumenexplosionen. Rezepte werden genauestens auf den Zentiliter zu Cocktails umgewandelt, Longdrinks und Fancys schmecken in Hamburg exakt wie in Shanghai. Er ist bedacht die Standards zu halten, nicht optional zu vergewaltigen und auch nicht in den Größenwahn zu verfallen, dem Gast durch Eigenkreationen vom neuerlichen Besuch der Bar abzuhalten. Er ist ein Flüssig-Koch, ein Meister im Gefühl der Korrespondenz verschiedener Spirituosen und Zutaten, ein Kenner der noch so obskursten Schnäpse, Brände und Liköre. Nichts, was flüssig ist und Alkohol enthält, ist ihm fremd, gleichwohl auch nicht die verrücktesten Gäste, die es auch im schlimmsten Alkoholwahn nicht schaffen, den Barkeeper aus der Fassung zu bringen. Dabei ist derselbe im täglichen Umgang mit Hochprozentigem so souverän, dass er nicht der Sucht anheimfallen kann, zu diszipliniert, zu zielorientiert ist er, jovial, ein Gentleman der vornehmsten Art. Was er tut, tut er in einem auratischen Schein der Perfektion, der Ruhe.

Wer jedoch den Barkeeper glorifizieren will wie den Papst, kommt nicht umhin, sich der Feierlaune dieses Gastronomen gewahr zu sein. Was einen an Gästen zuweilen schreckt, übertrumpft der Barmann bei Weitem. Sieht man einen am Wochenende – wenn Gottes Segen ihm ein freies Wochenende beschert – in einer Bar oder Disko, ist man versucht anzunehmen, dass er dieselbe Menge an Alkohol in sich hineinschüttet, wie die, die er in der zurückliegenden Woche an alle Gäste ausgeschenkt hat. Im Zustand des tiefsten Deliriums zeigt sich die Sprachbegabung des in der Welt gereisten Barkeepers, zumindest dann, wenn man den Versuch der Artikulierung als Sprache zu erkennen glaubt. Wiederum aber die Kunst ist es dann, dass derselbe Alkoholzombi, noch eben sturzbesoffen, eine Stunde später wie ein frisch geschlüpfter Commis an der Bar steht, als hätte der Nighty ihn vor Dienstbeginn aus der Ecke geholt und ihm den Stecker in die Dose gesteckt.

Nur ein Hauch von Restalkohol in der Sprechluft verrät, dass auch ein Barkeeper nur eines ist:

Ein Mensch.

Der Direktionsassistent

Der Direktionsassistent ist ein typisches Beispiel gastronomischer Beschäftigungstherapie, die ein Normalgastronom nicht zu deuten in der Lage ist. Das Portfolio der Aufgaben eines jenen Anzug tragenden Wesens erstreckt sich von nicht wahrzunehmenden Bürotätigkeiten bis hin zur Aushilfe beim Frühstücksdienst. Um jedoch zu beleuchten, um was es sich hierbei für eine Spezies handelt, muss man verstehen, dass Direktionsassistenten auch mal Gastronomen waren. In der Regel haben sie eine dunkle Hotelfachvergangenheit, verdingten sich auf der Hotelfachschule und versuchten dann mit einem Abschluss in Hotelmanagement in den Olymp, in den erlauchten, ehrgebietenden Nimbus der Chefetage vorzudringen. Hierbei zeigen sich einige, wohl zum Lehrplan auf der Hotelfachschule dazugehörigen Erscheinungs- und Umgangsregeln.

So trägt der Direktionsassistent stets einen meist nicht korrekt sitzenden, vom Betrieb dienstlich gelieferten Polyesteranzug, meist stylische Zalando-Angebotsschuhe, ein Namensschild, welches auf dem Kopfe steht, ein Dutzend gesponserte Kugelschreiber in jeder sich zeigenden Taschenöffnung und eine Krawatte, deren Design nur vom Knoten getoppt wird, der so unprofessionell den Mittelpunkt des Gesamtkunstwerkes repräsentiert wie es nur eben möglich ist. Was ihn jedoch auszeichnet, ihn ausweist und legitimiert ist das allgegenwärtige Diensttelefon. Es klemmt gut sichtbar am Gürtel, die Jacke dahinter geklemmt, gleich einem Cowboy, der seinen nach Ratenzahlung vereinbart gekauften Colt demonstrativ der Welt zur Anschauung präsentiert. Und wie auf Wunsch klingelt das Telefon auch nur dann, kurz bevor der Direktionsassistent zu einer niederen, will meinen basisgastronomischen Tätigkeit wie Tische abräumen herangezogen wird. Mit dem Telefon am Ohr, die Grußformel des Betriebes in feinstem Hochdeutsch sängerisch in das Mikro gehaucht, weist den Azubi eine geschwungene Handbewegung an, die dem Direktionsassistenten zugedachte Aufgabe zu übernehmen. Schnellen, nach Ledersohle klackenden Schrittes entfernt sich der Kollege vom Ort des Geschehens und verschwindet in den Katakomben des Hotels.

Stets bemüht, der Welt ein cäsarisches Gesicht zu zeigen, ist der Direktionsassistent sich jedoch nicht zu schade, an allen Fronten auszuhelfen, zu delegieren, zu weisen und zu befugen. Er weiß, wo es gilt anzupacken, er ist der Emulgator zwischen Chefetage und subalternen Abteilungen, geliebt, gehasst und doch auch bemitleidet. Er ist nicht wirklich Chef, viel mehr der Galeerentrommler, der seine Ruderer unermüdlich antreibt, stets mit sorgenfeuchter Stirn den Blick nach hinten gerichtet, wo in übermenschlichem Nimbus die Strahlkraft des Direktors lauert. Er ist aber auch kein reiner Arbeiter, denn von der untersten Kaste wird er gefürchtet und misstrauisch beäugt, belauert, ob nicht die eine oder andere Tat dem Direktor zugetragen wird. Ein Spion könnte er sein, ein Spitzel.

So fristet der Direktionsassistent sein Dasein bis zur erlösenden, ihn befreienden Beförderung zum F&B Trainee oder Duty Manager, eine Erhöhung und doch nur mehr Verantwortung bei gleicher Kompetenz und Autorität. Trübe, vom gesponserten Grauburgunder beflügelt, träumt er davon, entweder ganz unten zu sein, mit wenig Verantwortung und viel Arbeit oder ganz oben zu sein, bei viel Verantwortung und noch mehr Arbeit. Direktor ... Ja, ein Direktor der unangreifbar, gleich einem Patriarchen von allen vergöttert wird, ohne an den eigenen Fehlern gemessen zu werden.

Leicht ist dieser Job nicht und undankbar zuweilen. Doch des Fleißes Lohn wird kommen und der Tag, an dem er selbst einmal einen Untergebenen in dieses hehre Amt zu befördern berechtigt ist.

Gastronomen sind:

- oft wie Soldaten. Sie tragen hässliche Uniformen, arbeiten auf der ganzen Welt und keiner nimmt sie ernst. Der Feind sitzt am Tisch, doch der Gastronom stellt sich ihm mutig und ohne Furcht, stets der Gefahr gewahr, die von einem unzufriedenen Gast ausgeht. Der Vorteil einem Soldaten gegenüber ist aber der, dass sich Amnesty International nicht für gastronomische Auslandseinsätze interessiert, so bleibt der vom Kellner begangene Kollateralschaden zumeist im Dunkeln und wird der Vergessenheit überantwortet. Wo aber die Humanität der Servicekrieger auf Anklang stößt, erfreut sich der Gastronom großer Beliebtheit, wird zwar nicht mit Blumen beworfen, so doch mit einem Haufen klingendem Trinkgeld.

- oft wie Bahnmitarbeiter. Schlecht bezahlt, nebst überfordert und ebenso wie Soldaten und Busfahrer in unmöglich hässlich-antiquierte Uniformen gesteckt und dem gestressten und genervten (Bahn-)Gast ausgesetzt, sind sie nach Jahren der Erniedrigung, des Darbens und Ertragens so abgestumpft wie ein Feldarzt im 1. Weltkrieg. Sie sind nicht verständnislos und taub gegenüber den zuweilen welterschütternden Problemen der pendelnden Zeitbomben-Fahrgastzombies, doch mit einer Schutzhülle umgeben, wie sie der eines Pottwals gleichzukommen durchaus im Stande wäre. Der Gast kann klagen, kann meckern und drohen, einen Gastronom bringt nichts aus der Ruhe, nichts, was er nicht schon den ganzen Tag, die zurückliegende Woche oder gleich das ganze Jahr über an immer gleichem Gejammer ertragen hat. Er zergeht entweder daran oder wird nur stärker, wobei nur der echte Gastronom es erträgt und wie ein Eremit durch den Konsum Unmengen alkoholischer Getränke das Gute aus dem Beruf saugt, sich daran labt wie die Biene am Nektar und freudig in den nächsten Tag torkelt. Entschuldigung: stolziert.

- oft wie beim Ordnungsamt. Ja, er muss delegieren können, wo Gäste sich ungebeten hinpflanzen, obwohl der Platz sichtlich reserviert ist. Klar geht das nicht immer ohne den lautstarken Protest vonstatten, doch beharrlich besteht er auf das seine und des Gastes Recht auf den reservierten Platz. Verunsicherten Gästen ist er eine Leitplanke oder eine Schiene in der zuweilen schwer zu durchschauenden Servicelandschaft und Servicekultur. Der Gast darf nach links und rechts, doch der Gastronom gibt die Richtung vor. Er ist der verlässliche Leuchtturm im Nebel des gastlichen Meeres der Unwissenheit.

- oft wie ein Psychologe. Denn wo des Gastes Rate an seine Grenzen stößt, durchbricht das allumfassende Fachkönnen die Mauern und erlaubt dem Gast den Blick hinter das, was er so nicht vermutet hätte. Der Gastronom erkennt, wo des Gastes Frau nicht wissentlich ist, was der Mann wohl gerne essen würde; der Gastronom spürt instinktiv die Laune des Gastes, um dann im richtigen Moment genauso zu reagieren, wie es die eigene Frau nie tun könnte. Der Gastronom ist feinfühlig und einfühlsam, hört zu, ohne selbst viel zu reden. Er meistert ohne Probleme auch die kompliziertesten Charakteristika, die die Evolution dem Menschen mitgegeben hat, ohne aber selbst den Anschein der Fehlbarkeit offenkundig werden zu lassen.

- oft wie ein Roboter. Der Gastronom zeigt auch im größten Stress keine Anzeichen physischer nebst psychischer Ermüdung, egal zu welcher Tageszeit. Er sieht immer so aus, als sei er einem Modemagazin entsprungen, ist stets konzentriert, kraftvoll und motiviert. Die Arbeitsabläufe stimmen und sind automatisiert wie die eines Piloten, bei dem jeder Handgriff und jeder Knopfdruck sitzt. Emotional abwesend, seelisch maschinell geht er bis zum Feierabend seinem alltäglichen Wahn nach.

- oft wie Mutter Theresa. Getrieben davon, die Welt ein bisschen besser zu machen, bedacht, eher zu geben als zu nehmen, zu lieben seines nächsten Gastes mehr als die eigene Ex-Frau, gar die eigenen Schwiegereltern, eingedenk der eigenen Barmherzigkeit, so liebt der Gastronom seinen Gast wie der Vater seinen Sohn. Er trachtet ihm nicht seine Fehler nach, er straft ihn nicht ob seines Ungeschickes. Versöhnlich auch dem schwierigsten Menschen und nachgiebig dem renitentesten gegenüber, ist der Gastronom erst dann zufrieden, wenn seine Welt mit ihm und er mit sich zufrieden und glücklich ist. Ihm reicht es nicht, der Hotel-Heiland allein zu sein, nein, er tut Gutes, wo er kann, auch wenn er einem Straßenmusikanten, der seine Trompete so gut versteht wie Chuck Norris eine Geige, noch zwei Euro in den Hut wirft.

- oft wie Gott. Nein, immer wie Gott!!!

Geht nicht, gibt es nicht?!

Wenn du deinen Golf zur Werkstatt bringst, können die daraus keinen Ferrari machen, so sehr du es auch willst.

Wenn du zu einem Schönheitschirurgen gehst, um dir eine Justin Bieber Fresse antackern zu lassen, geht das nicht, so sehr du es dir auch wünschst.

Wenn du im Reisebüro einen Mallorca-Urlaub buchst, kannst du nicht auf die Malediven umbuchen, ohne was zuzuzahlen, so sehr du auch darum bettelst.

Wenn du Kellner bist, bekommst du nicht das Gehalt eines Bankers, so sehr du auch dagegen protestierst!

Warum also tun manche Kollegen so, als sei gerade in der Gastronomie alles für den Gast möglich? Warum herrscht das Motto „Geht nicht, gibt's nicht?"

Es ist doch viel besser, realistisch und im Rahmen des Machbaren Wünsche zu erfüllen, als übertrieben gewollt nur die Hälfte von dem zu leisten, was gefordert ist!

In den letzten Tagen ist mir mal wieder klar geworden, welche zum Teil astronomischen Wünsche manche Menschen haben und glauben, dass sie ein Recht darauf besitzen, sie erfüllt zu bekommen.

Und wenn ich dann lese, was Kollegen alles bereit sind zu tun, nur damit Gäste, die sich vorher beschweren und sowieso nie wiederkommen, wenigstens zufriedengestellt sind, wird mir ehrlich schlecht. Kein Wunder, dass überverwöhnte Gäste diesen Anspruch in andere Restaurants tragen und dasselbe erwarten, als wäre es ihr gottgegebenes Recht, nur damit der Keller zufrieden mit sich sein kann, Gäste beschwichtigt zu haben, welche es aber gar nicht verdienen.

Was fehlt, ist oft Realismus und Nüchternheit: Lieber einen ehrlichen Kellner, bei dem der Gast gleich weiß, woran er ist, als einen Heuchler, der beim Gast einen Buckel und sich im Back Office über ihn lustig macht.

Die Gastronomie im Wandel des 21. Jahrhunderts

Die klassische Gastronomie ist (ausgenommen die Sternegastronomie) tot! Das Bild des Kellners ist heute nicht mehr das des Kollegen vor 100 Jahren. Auch wenn wir Dienstleister sind und dem Menschen „dienen", sind wir keine Diener, Sklaven oder Leibeigene und doch scheinen auch oft ältere Gäste es noch so zu sehen. Der Kellner als „Mietsklave", der dem Gast für die Dauer seines Aufenthalts gehorsam zu dienen hat, ist ein immer noch weitverbreitetes Phänomen. Ich nenne es die „Dienstleistungsprostitution", denn wenn wir ehrlich sind, sind Kellner und Prostituierte artverwandte Berufe. Wir müssen nett zu Menschen sein, die uns oft abwertend behandeln, bekommen dafür Geld, welches wir unseren Chefs geben, für eine Arbeit, die gesellschaftlich nicht anerkannt ist. Wie also soll man junge Menschen, am Beginn ihres Berufslebens dazu begeistern, Kellner zu werden? Die Arbeitgeberverbände aus dem Gastgewerbesektor stöhnen seit Jahren über schrumpfendes Interesse junger Menschen an der Gastronomie. Die Bewerbungen sind rar und die, die sich für eine Ausbildung entscheiden, halten oft die ersten Monate nicht durch. Ich nenne es das „Azubisterben". Die Gründe liegen auf der Hand:

- schlechte Bezahlung
- übermäßig viele Überstunden
- schlechte Arbeitszeiten
- Versprechungen, die nicht eingehalten werden

Dazu kommt oft mangelndes soziales Empfinden der jungen Menschen und keine Belastbarkeit mehr. Um aber junge Menschen zu motivieren, sollte das Gehalt stimmen. Warum soll ein junger Mensch eine Ausbildung zum Restaurantfachmann machen, wenn das Einstiegsgehalt so hoch ist, wie die monatliche Durchschnittsmiete einer Ein-Zimmer-Wohnung in Hamburg Dulsberg? Wenn ich drei Jahre lang am Existenzminimum leben muss, ergreife ich doch lieber einen Beruf, der mehr Vergütung verspricht! Das oft angeführte Argument der Arbeitgeber dagegen ist das Trinkgeld. Formulierungen wie „Wir zahlen knapp unter dem Hamburger Tarif, ABER das Trinkgeld beträgt im Schnitt 150 Euro die Woche" kenne ich selbst zur Genüge, verheimlicht wird aber oft, dass Azubis weniger Trinkgeld bekommen als Festangestellte. Punktemodelle, wonach der Chef für zwei Tage Arbeit so viel Trinkgeld bekommt wie der Azubi für eine Woche, sind keine Seltenheit. Dazu wird erwartet, dass der Azubi sehr flexibel ist und gerne mal kranke Kollegen an seinen freien Tagen vertritt. Die Regelarbeitszeiten werden generell nicht eingehalten, die Ruhezeiten zwischen den Arbeitsschichten werden ebenfalls gerne übersehen. Je nach Saison und Region können normale Arbeitsschichten locker 10–14 Stunden betragen.

Das Phänomenale dabei ist aber, dass Überstunden nur selten bezahlt werden, in der Regel aber zahlt kein Betrieb, der nicht regelmäßig durch Ordnungsbehörden kontrolliert wird, Überstunden. Da hilft auch nicht das Trinkgeld, wenn ich zwar damit meinen Wocheneinkauf bezahlen kann, aber die Eltern und das Amt meine Wohnung und die Lebenshaltungskosten subventionieren müssen. Ich habe schon viele Azubis erlebt, die ihr Leid darüber klagten, dass sie Menschen im Freundeskreis haben, die mehr Gehalt und bessere Arbeitszeiten bekommen. Da wundert es nicht, wenn durch mangelnde Attraktivität in finanzieller Hinsicht die Motivation fehlt.

Sie fragen sich jetzt zu recht, wieso es dann Menschen wie mich gibt, deren beruflicher Lebensinhalt die Gastronomie ist? LEIDENSCHAFT!!! Was uns Gastronomen mit jahrzehntelanger Berufserfahrung verbindet und antreibt, ist Leidenschaft! „Sie können einem Pferd Hörner an den Kopf binden, das macht es noch lange nicht zu einem Stier.“ Und genauso ist es auch! Man muss dafür geboren sein, man muss den Beruf lieben und man muss andere Motivationen aus dem Alltag ziehen, um sich jeden Tag aufs Neue mit Freude zur Arbeit zu bewegen. Für mich ist es das Lob des Gastes. Egal wie stressig der Tag ist, egal wie blöde manche Menschen auch sind, wenn ein Gast einem die Hand reicht und sich für den schönen Abend bedankt, wenn er sieht wie gerne man diesen Beruf macht, wie freundlich man auch in den stressigsten Situationen ist, rettet einem das den Tag, manchmal die ganze Woche.

Und doch: Das Berufsbild ist anders geworden, moderner. Auch wenn in Sternerestaurants der Serviceablauf noch so ist wie vor 100 Jahren, interessiert es den modernen Gast nicht, ob ich den Teller jetzt von links oder von rechts serviere. Ihm ist es egal, ob ich ihm die Flasche Wein von links oder von rechts präsentiere. Ob der Brotkorb links oder rechts oben steht oder wo das Schälchen mit der Butter platziert wird. Er will keinen Kellner „mit Stock im Arsch“, der vornehmer ist als der Gast

Gäste interessieren im Wesentlichen nur zwei Dinge:

Dass das Essen nach einer angemessenen Wartezeit in zu erwartender Qualität und mit der optimalen Temperatur serviert wird.

Dass der Service aufmerksam und freundlich ist!

Kein Gast beschwert sich darüber, wenn im klassischen Service ein Fehler gemacht wird, kein Gast beschwert sich darüber, ob ich die Gänge mit französischen Fachbegriffen oder in der deutschen Übersetzung annonciere. Viele Fehler, die man machen kann, bekommt der Gast noch nicht einmal mit. Aber stimmt die Qualität des Essens nicht und/oder ist der Kellner gestresst und unfreundlich, bedeutet dies IMMER: Beschwerden und schlimme Beiträge in Bewertungsportalen, die wie Pilze aus dem Internetboden wuchern!

Du willst dich bewerben? Sicher? Ganz sicher???

Die betrügerischen Methoden bei der Personaleinstellung und der Umgang mit Mitarbeitern in der Gastronomie, sowie deren Folgen für die Nachwuchsgewinnung in der Branche.

Seit langem klagen NGG und Handelskammern über den Mangel an Interesse für die Gastronomie. Kaum eine Branche leidet so unter ihrem Image. Für den Konsumenten sind die Argumente klar: schlechte Bezahlung, miese Arbeitszeiten. Das ist offensichtlich und am meisten verbreitet. Doch innerhalb der Branche hat es oft ganz andere Gründe. Das beginnt schon, bevor man sich für einen Betrieb überhaupt entscheidet. In den meisten Stellenbeschreibungen sind immer dieselben Anforderungen zu lesen wie:

- Flexibilität
- Belastbarkeit
- Zuverlässigkeit
- Teamfähigkeit

Das heißt nichts anderes, als dass dem Mitarbeiter nahe gelegt wird im Mehrschichtsystem zu arbeiten, unbezahlte Überstunden in Kauf zu nehmen, sich nicht zu beschweren und sich den „alten Hasen" unterzuordnen.

Geboten wird im Gegenzuge:

- leistungsbezogene Arbeit,
- flache Hierarchien,
- umfangreiche Schulungs- und Weiterbildungsmaßnahmen,
- Aufstiegschancen

Im Klartext aber bedeutet leistungsbezogene Bezahlung nur, dass man entweder unterhalb des geltenden Tarifs bezahlt wird, zuweilen aber auch leicht drüber, in jedem Fall aber nicht leistungsgerecht. Um das miese Gehalt etwas schön zu reden, wird oft das gute Trinkgeld als Lockargument angeführt, Summen, die traumhaft klingen, sind häufig aber nur Luftschlösser. Bedenkt man die oft mehrere Stunden pro Tag anfallenden Überstunden, kann das anfallende Trinkgeld kaum als Gegenrechnung dienen, der Arbeitgeber spart also auch hier in zweierlei Hinsicht. Zum einen spart er sich steuerpflichtige Überstunden, zum anderen kann er darauf hoffen, dass der Mitarbeiter niemals den Verlust nachrechnet, weil er in der Regel das Trinkgeld einmal in der Woche cash ausgezahlt bekommt. Das macht es schwierig, den Tagesdurchschnitt des Trinkgeldes zu ermitteln.

Gerade in Vorstellungsgesprächen werden Bewerbern gerne alle möglichen Dinge versprochen, die den Betrieb attraktiver machen als andere, ich habe jedoch aus eigener Erfahrung mehr als einmal akzeptieren müssen, dass das, was versprochen wird, selten das ist, was mich tatsächlich erwartet. Selbst Positionen, auf die man sich bewirbt, entsprechen nicht dem Tätigkeitsprofil. Nur weil ein Betrieb einen stellvertretenden Restaurantleiter sucht, heißt es nicht, dass er auch als solcher arbeitet. So werden Positionen, die ausgeschrieben werden, gerne als Lockmittel benutzt, denn wenn man sich auf gängigen, gastronomischen Jobportalen umsieht, werden viele Stationskellner gesucht. Ich kann mir als Bewerber in einer Metropole wie Hamburg, Berlin oder München praktisch aussuchen, wo ich arbeiten will. Wenn ich aber eine Stelle als stellvertretender Restaurantleiter ausschreibe, bewerben sich mehr auf diese Position, da in der Regel nur wenige solcher Stellen ausgeschrieben werden, auch wenn ich im Prinzip nur einen Stationskellner suche.

Weiterbildungs- und Schulungsangebote sind oft in Hotelketten zu finden, die solche Programme vorschreiben, kleine, inhabergeführte Betriebe lassen diese Angebote aber aus Zeit- und Geschäftsdruck auf sich beruhen. Ebenso ist es bei den Aufstiegschancen. Sucht ein Betrieb einen wie oben genannten Stationskellner, sind die Aufstiegschancen recht dünn, denn danach kommt nur noch der stellvertretende Restaurantleiter und dann der Restaurantleiter. Viele Betriebe wollen aber nicht viel oder keine Zeit damit verschwenden, einen Stationskellner zum Restaurantleiter auszubilden und stellen daher gleich einen Bewerber mit Berufserfahrung ein. Auch wenn einem ein Aufstieg versprochen wird, so sollte man niemals darauf vertrauen, dass dieses Versprechen auch eingehalten wird.

- Um sicher zu gehen, sollte man sich alles schriftlich geben lassen oder im Arbeitsvertrag festhalten.
- Man sollte sich unbedingt eingehend über den Betrieb informieren, bei dem man sich bewerben will.
- Explizit nachfragen, wie hoch das zu erwartende Trinkgeld ist und wann es ausgezahlt wird. In der Regel sind heute 6–8 % Trinkgeld normal.
- Werden Überstunden bezahlt, wenn nicht, nachfragen, wie viele Überstunden generell anfallen.

Sollte der Arbeitgeber beim Bewerbungsgespräch allzu vollmundige Versprechungen abgegeben haben, nachfragen und sonst einfach schnell einen neuen Job suchen.

Es gibt eine Reihe von Jobsuchportalen, die spezifisch für die Gastronomie Arbeitgebern und Arbeitnehmern Jobs vermitteln. Sieht man alle paar Wochen mal auf so einem Portal die Jobangebote durch, fällt oft auf, dass einige Betriebe permanent vertreten sind. Das kann zwei Ursachen haben. Zum einen gehört das suchende Restaurant zu einem Unternehmen mit mehreren Ketten, dann machen sich die Personalsachbearbeiter nicht die Mühe, für jedes einzelne Restaurant zu suchen, sondern suchen für verschiedene Betriebe mit ein- und derselben Stellenbeschreibung. Bewerber werden dann nach Vereinbarung auf die jeweils suchenden Restaurants verteilt. Viel wahrscheinlicher aber ist die zweite Möglichkeit: die Fluktuation! Je härter die Arbeitsbedingungen, je schlechter das Personalmanagement und je größer die Unzufriedenheit des Personals ist, umso größer ist die Fluktuation von Arbeitnehmern, die kommen und gehen. Viele, besonders inhabergeführte Betriebe legen kaum oder auch gar keinen Wert darauf, dass der Angestellte sich wohl fühlt, daher nehmen sie einen starken Mitarbeiterwechsel in Kauf, nach dem Motto: „Wenn Du gehst, kommt morgen ein anderer." Man sollte also bei Betrieben, die Dauergast auf Jobportalen sind, besonders vorsichtig sein!

Mitarbeiterzufriedenheit ist wichtig – aber nur in Amerika

Amerikanische Unternehmen haben längst erkannt, dass sich die Produktivität der Mitarbeiter, sowie die Treue und Identifikation mit dem Betrieb am besten steigern lässt, wenn man alles daran setzt, dem Mitarbeiter das Arbeiten so angenehm wie möglich zu machen. Und das ist im Falle der Gastronomie ganz einfach:

- ehrliche Chefs, die ein Ohr für ihre Mitarbeiter haben
- ein pünktlich ausgezahltes Gehalt
- regelmäßig ausgezahltes Trinkgeld
- einfaches, aber leckeres Personalessen
- genügend Personal zur Abdeckung des Arbeitspensums
- geringe Überstundenansammlung und wenn, dann vergütete
- regelmäßige Meetings und Einbeziehung der Angestellten in Unternehmensfragen oder bei der Verbesserung des Arbeitsablaufes
- zuverlässige Dienstpläne und sichere, freie Tage

Im Grunde sind die oben stehenden Punkte selbstverständlich, jedoch in der Gastronomie oft missachtet. Das Problem taucht vor allem auch in der Sternegastronomie (Sterne Restaurants) auf. Prominente Sterneköche, die auch oft im Fernsehen zu sehen sind, sind innerhalb der „Gastro-Familie“ dafür bekannt, ihre Angestellten auszubeuten, oder wie wir es sagen: zu „verheizen“, denn sie befinden sich in der guten Ausgangsposition, dass viele, vor allem junge Gastronomen gerne für einen prominenten Koch arbeiten wollen. Dafür nehmen sie regelmäßige

Schichten von zehn Stunden und mehr in Kauf oder Abruf, auch wenn man frei hat (Flexibilität). Oft müssen sie auch Arbeiten erledigen, die man von einem Kellner so nicht erwartet, wie:

- Toiletten putzen
- streichen
- Einkäufe während der Pause erledigen
- Gartenarbeiten
- Fliesenfugen in den Toiletten mit Zahnbürsten reinigen
- Bügeln und Wäsche Waschen und vieles mehr

Sie schütteln jetzt vielleicht den Kopf und können das nicht glauben, jedoch ist das der oft gelebte Alltag in Sternerestaurants von Inhabern, denen man das nie zutrauen würde. Sie sparen eben an Putzfrauen oder Gärtnern und lassen besonders junge Kollegen wissen, dass es ganz normal ist und zum Beruf dazu gehört. Ich kann Sie da nur folgendes fragen: Sie gehen in ein Sternerestaurant mit Ihrem Partner essen. Das Menü kostet circa 100 Euro pro Person, ohne Getränke. Sie teilen sich eine Flasche Wein für 60 Euro. Und zwei Flaschen Wasser zu je 8 Euro. Am Ende trinken Sie jeder einen Espresso für je 4,50 Euro. Das heißt, Sie haben am Ende des Abends 280 Euro zu zahlen. Bleiben wir bei diesem Durchschnittswert und gehen davon aus, dass das Restaurant Platz für 25 Gäste hat, kommen wir auf 7.000 Euro pro Abend. Natürlich macht kein Sternekoch 7.000 Euro an jedem Abend, es ist auch saisonal bedingt mal mehr, mal weniger und zuweilen kommen noch Feiern oder auch Caterings hinzu. Es bleiben von dem Geld aber nur im Schnitt 1.800–1.900 Euro Brutto beim Angestellten hängen, der um 11:00 Uhr oder 12:00 Uhr seine Schicht beginnt und um 23:00 Uhr oder 00:00 Uhr Feierabend hat, keine Überstunden bekommt, geschweige denn Nachtzuschläge, da die auf dem Dienstplan angegebenen, gesetzlich vorgeschriebenen Höchststundenzahlen das Papier nicht wert sind, auf dem sie stehen. Ich nenne es den „schwarzen Dienstplan".

Was will ich damit sagen? Gewinner ist der Inhaber, der sich die Auszahlung der Überstunden und die Einstellung von Putzfrauen spart, indem er junges Personal zu Allroundern erzieht und sie so kontinuierlich verheizt. Die Gäste, die sich ihr Sternemenü schmecken lassen, wissen oft nicht, dass der nett lächelnde Kellner am Tisch schon seit sechs Stunden arbeitet und hierbei noch dieselbe Stundenzahl vor sich hat. Wissen können es die Gäste auch nicht, weil sich keiner trauen würde, diese Umstände publik zu machen. Zu groß ist die Angst, den Job zu verlieren, denn wer in seinem Lebenslauf nachweisen kann, für einen angesehen und prominenten Sternekoch zu arbeiten, hat für spätere Bewerbungen schon eine Tür offen.

Eines aber muss ich jedem jungen Kollegen aber doch ans Herz legen, der für einen Prominenten arbeiten will: Der Betrieb, für den du arbeitest, ist was Besonderes, das macht dich aber noch lange nicht zu einem besseren Kellner. Im Gegenteil: Gerade wegen des Promibonus' stehen genug willige Bewerber Schlange und sind bereit, zumindest für eine gewisse Zeitlang alles zu ertragen.

Normales Leben – gastronomisches Leben

Wie man Nicht-Gastronomen die Tragweite unserer Probleme veranschaulicht:

Gastronomie
„Ich sehe das Reserviertschild, aber dürfen wir uns trotzdem dahinsetzen?"

Normales Leben
„Ich weiß, dass ich für den ICE keine Platzreservierung habe, aber darf ich hier trotzdem sitzen?"

*****

Gastronomie
Wenn ein Gast sich darüber beschwert, dass es zu lange dauert, bis das Essen kommt.

Normales Leben
Wenn ein Fahrgast im Bus sitzt, der im Stau steht und sich beim Fahrer darüber beschwert, dass Stau ist.

*****

Gastronomie
Wenn ein Gast einem den Job erklärt.

Normales Leben

Wenn ein Fahrgast dem Busfahrer vorschlägt, eine andere Route zu fahren, die schneller geht.

***

Gastronomie
Wenn der Gast die Füße auf den Stuhl legt.

Normales Leben
Wenn ein Gast sich das zuhause nicht traut, weil seine Frau ihm dann einen vor die Plautze setzt.

***

Gastronomie
Wenn man ein beschissenes Trinkgeld bekommt und sich dennoch nett bedanken muss.

Normales Leben
Wenn man ein beschissenes Geschenk bekommt und es wenigstens gewinnbringend weiterverkaufen kann.

***

Gastronomie
Wenn ein Gast darauf scheißt, dass man Feierabend machen will, und weiter säuft!

Normales Leben
Wenn man seinen Gast bittet zu gehen, weil es spät ist und er es respektiert.

***

Gastronomie
Wenn ein Gast einen dummen Witz bringt, selbst laut lacht und erwartet, dass man es auch tut und man es nur macht, damit er zufrieden ist.

Normales Leben
Wenn einer einen dummen Witz bringt, man laut lacht und ihn dann emotionslos ansieht, mit der Bemerkung, dass der Witz scheiße war!

***

Gastronomie
„Beehren Sie uns bald wieder."

Normales Leben
„Ich hoffe, wir sehen uns nie wieder."

***

Gastronomie
Wenn man gerne nach einer bekloppten Beschwerde und der lieben Ruhe wegen auf Kulanz storniert.

Normales Leben
Wenn einer seine Rechnung nicht bezahlt, wird er verklagt oder man hetzt ihm einen Inkassoeintreiber von der Reeperbahn auf den Hals.

***

Gastronomie
Wenn man angepöbelt, beleidigt, beschimpft und nicht ernst genommen wird.

Normales Leben
Wenn du Polizist bist.

***

Gastronomie
Wenn ein Gast eine Kollegin sexuell belästigt und sie möglichst höflich und diskret das Weite sucht.

Normales Leben
Wenn einer eine Frau sexuell belästigt und sie ihm einfach zwischen die Beine tritt.

***

Gastronomie
Wenn ein Gast sein Hotelzimmer verlässt und es aussieht wie Hamburg 1945.

Normales Leben
Wenn eine Mutter ihr Kind dazu erzieht, das Zimmer aufzuräumen.

***

Gastronomie
Wenn Menschen in Maßanzügen so viel Anstand haben wie ein weißer Hai im Blutrausch.

Normales Leben
Wenn dir diese Leute auch noch Versicherungen verkaufen.

Direktor

Da kommt er: Maßanzug, wie aus dem Ei gepellt, eine Erscheinung wie aus einem Herrenmagazin, ein Nimbus, eine Aura wie ein Mann von Welt. Ein Pool immer währender Kreativität, weltgewandt, mit allen Wassern gewaschen, souverän und professionell. Direktoren sind die Götter der Gastronomie, die CEOs der Dienstleistungs-Champions League. Sie kennen jeden Winkel ihres Hotels, jedes Detail, jede auch noch so kleine Kleinigkeit. Aber wenn du ihnen auf dem Korridor begegnest, wissen sie nicht, wie du heißt. Dass du überhaupt in ihrem Tempel der hotelleristischen Glückseligkeit arbeitest, erkennen sie daran, dass du die Uniform trägst, die er dir höchstselbst aufgezwungen hat. Schick, modern und innovativ, aber gleichzeitig unpraktisch, nie gut sitzend oder passend und schnell verschlissen. Direktoren wissen viel, ohne Ahnung zu haben. Kalkulationen, wirtschaftliche Zielsetzungen und Kettenvorgaben beherrschen sie, doch strotzen sie vor Unkenntnis über die Basis des Geldverdienens, den Service, die Küche, das Housekeeping.

Sie sitzen mehrmals die Woche in Meetings und beschließen Standards, über die selbst ein Azubi im zweiten Lehrjahr nur den Kopf schüttelt. Herr Direktor hat viele Ideen, die aber fast immer scheiße sind: schlecht umsetzbar, überzogen, so gastorientiert, dass selbst der Gast die Orientierung verliert. Er stellt sich in seinem Zahlendenken eine Welt vor und träumt sie sich so, wie sie in Wahrheit nicht ist. Vielleicht hat er mal praktisch gearbeitet, vor langer Zeit, vor seinem Studium. Doch nach Jahren, Jahrzehnten, des Büroverschleißes ist ihm das praktische Denken und Umdenken in Litern grünen Tees und faden Meetings mit Karrieristen und „Ja-Sagern" abhandengekommen. So täuscht er sich zu oft über die Wahrheit der Realität hinweg oder versucht sie durch Statistiken, Marktforschung oder Marketingstrategien weg zu philosophieren.

Der Direktor ist dennoch eine Person, zu der man aufsieht, auch wenn es nur die Direktionsassistentin ist, auf ihrem Weg nach oben.

Die Messlatte ist dabei ziemlich hoch.

Das Restaurantfach ist tot!

Der Nachwuchsmangel in der Gastronomie ist dermaßen zur Normalität geworden, dass er schon nicht mehr groß thematisiert wird. Medial findet die Gastronomie nur dann noch Erwähnung, wenn es darum geht, im Gehälterspiegel das Schlusslicht zu markieren und doch wird darüber vergessen, dass gerade die Gastronomie in Metropolen wie Hamburg ein nicht unerheblicher Wirtschaftsfaktor ist. Obwohl die Branche wächst, stagnieren die Gehälter und der Nachwuchsmangel könnte nicht gravierender sein, obwohl eine sehr große Nachfrage besteht. Die Politik geht andere Wege, das Problem zu lösen oder vielmehr es einfach zu ignorieren, aber wie sieht es an der Basis aus? Längst schon haben Unternehmer erkannt, dass das sehr fluktuierende Geschäft flexiblen Handlings bedarf. Was man dann tut, ist auf Aushilfen zurückzugreifen.

Der Vorteil:

- Stundenweise Bezahlung,
- individuell einsetzbar,
- spontan abrufbar.

Die Aushilfe kann man gezielt zu geschäftsintensiven Zeiten einsetzen und bei abflauendem Geschäft wieder nach Hause schicken. Für die Fachkraft hat dies jedoch den Nebeneffekt, dass der Unternehmer Überstunden, welche in der Regeln nicht bezahlt oder vergütet werden, in Kauf nimmt und Fachkräfte so gezielt für Vor- und Nachbereitung des operativen Geschäfts einsetzt. Für den Festangestellten stellt sich da folgende Frage: „Wieso soll ich als Fachkraft weniger verdienen und unbezahlte Überstunden schieben, wenn ich aber als Aushilfe am Monatsende im Schnitt besser dastehe?!"

Und dass Aushilfen teilweise am Monatsende im Preis-/Leistungsverhältnis besser dastehen als Fachkräfte ist allzu oft traurige Realität!

Hinzu kommt, dass der Ausbildungsumfang eines Restaurantfachmanns kaum noch genutzt wird. Anstatt junge Menschen drei Jahre lang umständlich auszubilden und in Schulzeiten auch noch auf sie verzichten zu müssen, werden Aushilfen eingestellt, die schnell und gezielt in die Bedürfnisse und Anforderungen des Betriebes eingearbeitet werden.

Ein negativer Aspekt für Aushilfen ist aber, dass sie nicht loyal sind. Sie arbeiten des Geldes wegen (z.B. Studenten) und interessieren sich zum Teil nur oberflächlich für den Betrieb an sich.

Gerade auch aufgrund des fachlichen Desinteresses der Gäste ist der allumfassende Wissensstand der Restaurantfachleute heute nur noch in der Sternegastronomie gefragt.

Welchen Wert also hat der Beruf Restaurantfachmann noch in einer Zeit des wirtschaftlichen Einsparungsdenkens?

Wenn ich mal groß bin

Ich damals in der Ausbildung zu einem Kollegen: „Wenn ich ausgelernt habe, werde ich Karriere machen. Ich werde ein ganz großer und bekannter Gastronom und richtig viel Kohle verdienen. Ich werde erfolgreich und vor allem: Ich werde etwas bewegen!"

Der Kollege: „Du willst was bewegen?"

„Ich WERDE was bewegen!!!!"

„Gut, dann bewege dich an den Tisch, die Gäste haben Hunger!!!"

„Ja, Chef …"

Ich bin gastrosexuell

Ich liebe meinen Beruf, weil er Berufung ist.

Ich kann auch nichts anderes, vor allem, weil ich nichts anderes will. Ich bin Profi durch und durch und verstehe meinen Beruf immer noch als Ausbildung, weil man nie ausgelernt hat.

Und weil ich ein Profikellner bin, darf ich beurteilen und mahnen!

Warum?

Es gibt immer den einen, der Sätze sagt wie: „Immer das Gejammer, seid froh, dass ihr Arbeit habt." Oder: „Such dir einen anderen Job, wenn er dir nicht gefällt." Oder: „Job verfehlt?"

Dabei ist doch eines entscheidend: Wer professionell arbeitet, hat das Recht auf professionelle Betriebe, die meiner Arbeit würdig sind. Bringen sie es nicht, sind es Scheißbetriebe. Arbeitgeber, die ihre Angestellten mit Kameras überwachen, täglich mehr als zehn Stunden arbeiten lassen, ihnen das Blaue vom Himmel versprechen und es dann nicht halten und Löhne zahlen, die lächerlich sind, sind einfach Scheißarbeitgeber!!!

Und dennoch bin ich gastrosexuell, weil ich für mich das Beste aus dem Beruf hole. Weil meine Gäste nichts dafür können, dass mein Chef unfähig ist.

Die Gastronomie ist kein Ponyhof, also rate ich den blauäugigen Traumtänzern, die rosarote Brille abzunehmen, denn die Gastronomie ist eine knallharte Schlangengrube und es kostet sehr viel Zeit und Geduld, bis man aus dem Haufen Scheiße genau den Betrieb gefunden hat, der es wert ist, für ihn zu arbeiten.

Also nehmt nicht alles immer als gegeben hin,
redet es nicht schön, wenn es scheiße ist,
kritisiert und rebelliert, wo es nötig ist!

Denn eines ist doch logisch, Freunde: In der Gastronomie ist vieles möglich, also guckt über den Tellerrand und seht, was andere bieten!

Vergesst eure Professionalität nicht und lasst sie nicht infrage stellen. Und wenn ihr besser seid als euer Chef, lasst ihn untergehen und schwimmt zu neuen Ufern, bevor ihr mit absauft!!!

30 Gründe, an denen du merkst, dass dein Opa Kellner war

1. Dein Opa plant seine eigene Beerdigung und fragt den Bestatter: „Haben Sie noch einen Sarg für eine Person?"

2. Dein Opa serviert im Altenheim das Essen.

3. Dein Opa ruft nicht „Schwester", sondern „Service".

4. Dein Opa bleibt vor jedem Restaurant stehen und zählt das Personal.

5. Wenn du mit deinem Opa essen gehst, braucht er ewig, um die Speisekarte zu lesen. Nicht weil er kaum noch lesen kann, sondern weil er nach Rechtschreib- und Formfehlern sucht.

6. Dein Opa deckt vor Familienfeiern den Tisch ein und braucht dafür Stunden. Nicht weil er zu langsam ist, sondern weil er es peinlichst genau macht.

7. Dein Opa bezeichnet das Geld, das er von deiner Oma bekommt, als „Trinkgeld".

8. Dein Opa kann Vegetarier nicht leiden.

9. Dein Opa schreibt im Altenheim die Speisekarten.

10. Dein Opa bezeichnet Salat als Garnitur.

11. Dein Opa bezeichnet seine Medizin als MEP.

12. Dein Opa gibt immer ein fettes Trinkgeld.

13. Dein Opa wünscht im Restaurant am Ende immer „gutes Geschäft“.

14. Dein Opa schreibt seinen Einkaufszettel auf einem Kellnerblock.

15. Dein Opa hat überall Kugelschreiber rumliegen und trägt immer Kugelschreiber in der Brusttasche.

16. Dein Opa hasst Ordermans, weil es die früher auch nicht gab.

17. Dein Opa achtet immer darauf, dass die Teller richtig angerichtet werden.

18. Dein Opa hasst Bewertungsportale.

19. Dein Opa besitzt immer das dickste Portmonee.

20. Dein Opa faltet Geschirrhandtücher zu Handservietten.

21. Dein Opa kann auch mit 90 Jahren noch perfekt die Weihnachtsgans tranchieren.

22. Dein Opa ruft bei der Essensausgabe immer „Bon neu“.

23. Dein Opa ruft dich „Azubi“.

24. Dein Opa beschimpft die Dame an der Essensausgabe immer als „Tresenschlampe".

25. Dein Opa öffnet eine Flasche Wein nur mit Kellnermesser.

26. Dein Opa hasst es, wenn Bier nicht korrekt eingeschenkt wird.

27. Dein Opa hat deine Oma bei der Arbeit kennengelernt.

28. Dein Opa schimpft immer über Köche.

29. Dein Opa räumt auf jeder Familienfeier mit Tablett den Tisch ab.

30. Dein Opa wünscht sich bei seiner Beerdigung als Trauerlied „Alkohol" von Herbert Grönemeyer.

Zivilcourage lernt man auch in der Gastronomie

Manchmal ist der Weg nach Hause auch Gastro.

Als ich kurz vor meiner Wohnung bin, sehe ich vor mir eine Person torkeln. Abwechselnd laufend und sich an einer Hauswand abstützend. Ich halte zunächst Abstand, um die Person – nur mit einem roten Pulli bekleidet – anzusehen. Zeitgleich fährt ein Peterwagen vorbei, bremst, die Beamten gucken und fahren weiter, um zu wenden. Ich nähere mich dem Mann und frage ihn, ob ich ihm helfen kann. Er stottert (circa 70 Jahre alt): „Ja. Wo bin ich?“ Ich sage ihm die Straße und er nennt mir jene, in der er wohnt. Ist die Straße, in der ich auch wohne, quasi ein Nachbar von mir, den ich aber nicht kenne. Der Peterwagen hält und ich sage den Beamten, dass ich den Mann nach Hause bringe. Das tue ich dann auch. Er ist rotzevoll und bedankt sich unablässig dafür, dass ich ihn angesprochen habe und Hilfe anbiete. Und da wird mir eines bewusst:

Im Prinzip ist es wie auf Arbeit, so als ginge ich zu einem Tisch. Ich biete meine Hilfe an, wie ich es jeden Tag im Restaurant tue, ohne nachzudenken.

„Sie haben mir mein Leben gerettet und dass man sich um seine Mitmenschen kümmert, ist nicht mehr selbstverständlich.“

Sicherlich habe ich sein Leben nicht gerettet, aber Zivilcourage ist eben doch wichtig, und was man in der Gastronomie wirklich bis zur Perfektion lernt, ist auf Menschen zuzugehen und ihnen seine Hilfe anbieten. Das hat mir einmal mehr gezeigt, dass das, was wir tun, nur richtig sein kann. Besonders in Situationen, in denen man längst nicht mehr auf Arbeit ist.

Gastrollion – gastronomische Fakten, die sonst keiner kennt

Heute: Der Kellner

Woher der Name „Kellner“ wirklich kommt, wissen nur die allerwenigsten. Laut Gastronomicus ist Folgendes Fakt:

Bis 1688 war es in einigen Regionen (zum Teil bis heute in Hamburg), besonders aber in Norddeutschland, üblich, dass Gastwirte Gästen, die sich nicht benehmen, eine sogenannte ‚Schelle‘ geben, sprich ein kurzen aber intensiven Schlag auf den Hinterkopf. So wurden insbesondere alkoholisierte Gäste zur Raison gebracht. Die ‚Schelle‘ wird an der Nordsee auch als Kelle bezeichnet. Die ‚Kelle‘ wurde der Inbegriff zur Namensgebung des Wirtes, aus dem der ‚Keller‘, im Laufe des 18. Jahrhunderts dann im gesamten Norddeutschen Raum der ‚Kellener‘ und schließlich der ‚Kellner‘ wurde.

Flirtfaktor Gastronomie

Heute der Azubi zu mir:

„Ich war gestern feiern und habe zwei Mädels kennengelernt. Wir saßen an der Bar und unterhielten uns, bis mich die eine fragte, was ich beruflich mache. Ich habe ihr dann gesagt, ich arbeite im Restaurant. Da lächelte sie und griff in ihre Tasche. Erst dachte ich, sie gibt mir ihre Nummer, stattdessen gab sie mir einen 20-Euro-Schein. Ich fragte sie etwas verwirrt, was ich damit soll. Da antwortete sie: ‚Bist doch Kellner, gehe mal Getränke holen, den Rest kannst du behalten.'

Ich erzähle nie wieder, was ich beruflich mache!!!"

Ich habe so gelacht!

Der Kellner auf Lehramt

Die zweithäufigste Beschwerde auf den gängigen Bewertungsportalen ist, nach der Qualität des Essens, die des Services. Gleichwohl aber hält sich immer noch hartnäckig das ungeschriebene Gesetz: „Wer nichts wird, wird Wirt."

Wer diese Parole noch für richtig hält, weil er meint, dass wirklich jeder „kellnern" kann, sich gleichzeitig aber über den fortschreitenden Schwund an Servicequalität beschwert, sollte ernsthaft einmal darüber nachdenken, zum Arzt zu gehen.

Denn was der gemeine Kellner in drei Jahren Ausbildung und etwa zehn Jahren des Herausarbeitens einer optimalen Servicequalität erlernt hat, lässt sich nicht in einem „2-Wochen-Crash-Kurs-Kellnern-für-BWL-Studenten" komprimiert in den überforderten Campus-Schädel pressen. Denn Dienstleistung ist nichts, was sich theoretisch von der Schulbank 1 zu 1 in die Praxis übertragen lässt, sondern viel mehr ein aktiver, mobiler Prozess des sich immer wieder aufs Neue auf unterschiedliche Menschen, mit unterschiedlichen Bedürfnissen Einstellens.

Wenn also der eine oder andere Gast billig essen geht, gleichsam von ungelernten Kräften bedient wird und sich dann über den Service beschwert, liegt der Mangel nicht am Restaurant, sondern bei dem Unwillen des Gastes, für mehr auch mehr zu zahlen.

Trinkgeld, wann und wozu?

Gehalt? Auf Mindestlohnbasis.
Weihnachtsgeld? Gibt's nicht.
13. Monatsgehalt? Vergiss es.
Fahrkarte musst du selber zahlen? Ja, Mann.
Arbeitskleidung? Kauf dir selber!
Aber dafür bekommst du doch Trinkgeld!

Und genau zu diesem Argument will ich Folgendes loswerden:

Wer in einer, vor allem bei Tagesbesuchern beliebten Region arbeitet, in einem großen Betrieb mit viel Durchlaufkundschaft, der kann sehr viel Trinkgeld verdienen. Ebenso ist es in großen und/oder sehr teuren Hotels, aber: Die Höhe des Trinkgeldes richtet sich nach den Auszahlungssystemen wie:

- darf ich mein eigen erwirtschaftetes Trinkgeld behalten?
- muss ich mein Trinkgeld abgeben, weil es unter der Belegschaft aufgeteilt wird?
- oder gibt es gar ein Punktesystem, nach hierarchischem Stand im Betrieb?

Es kann also passieren, dass die Angestellten in einem Restaurant wesentlich mehr behalten dürfen als der Kollege im Betrieb 100 Meter weiter. Trinkgeld ist also kein Argument für einen niedrigen Monatslohn, allein schon, weil die Höhe des Trinkgeldes unkalkulierbar variabel ist. Wenn also ein Arbeitgeber einen Bewerber das niedrige Gehalt dadurch positiver erscheinen lassen will, indem er mit hohem Trinkgeld lockt, dem sei die Frage gestellt, ob er das auch beziffern kann. Von 150 Euro die Woche bis 1.000 Euro habe ich schon alles gehört. Verschweigen sollte man da aber auch nicht, dass gewissenlose Inhaber auch Trinkgeld veruntreuen oder einen Teil desselben einbehalten, um den Schankverlust oder Bruch zu bezahlen.

Gewiss kann man vom Trinkgeld seinen Einkauf finanzieren, für den Urlaub sparen oder es abends mit den Kollegen versaufen. Aber man sollte immer bedenken: Je höher das Trinkgeld im aktuellem Betrieb ist, umso tiefer kann es bei einem Betriebswechsel fallen und sich daran anzupassen, ist die Kunst.

Der Azubi-Prank

Gestern habe ich mir einen kleinen Scherz mit unserem Azubi gemacht. Zum Feierabend sagte ich zu ihm: „Mach mal bitte die Feierabendgetränke für die Küche, aber nur Apfelschorle statt Bier und sag Mike (dem Küchenchef): ‚Hier, als Dank für das leckere Personalessen.'*

Also tapert der Junge mit sechs Gläsern Apfelschorle in die Küche, die Tür geht zu und dann hörte ich nur noch Mike: „WAS ... BAH, WILLST DU UNS VERGIFTEN?!!!! SIEH ZU, DASS DU WAS ORDENTLICHES HIER RANBRINGST, SONST FRISST DU MORGEN SALZ UND PFEFFER!!!"

Wir haben sooo gelacht!!!

*Das Persoessen ist immer ziemlich gut, aber ich liebe es, wenn Mike ausrastet!

Der Gastronom ist nicht zu schon`n

Selbstreflexion und Eigenkritik eines Kellners

„Ich bin selbst Gastronom, ich kenne das."

Oder wieso auch Gastronomen Gästen das Leben schwer machen

Ich habe jetzt ausführlich und sehr tiefgehend über Marotten, Eigenarten und Unmöglichkeiten von Gästen berichtet. Um die Ehre der Gäste aber zu retten, gibt es genügend Unarten von Gastronomen, die ich auch mal erwähnen will, um mir nicht den Vorwurf gefallen zu lassen, ich sei allzu parteiisch.

Während meiner Ausbildung zum Restaurantfachmann saß ich mit zwei Kolleginnen im Sommer in einem großen Restaurant am Jungfernstieg in Hamburg. Eine meiner Kolleginnen war ziemlich schüchtern und bekam beim Servieren der Getränke etwas, was sie nicht bestellt hat. Da wir zu dritt waren und deutlich hörten, was sie bestellte, war es ein Fehler des Kellners. Also fragte die Kollegin den Kellner, ob sie das jetzt bezahlen muss. Der sichtlich genervte „Kollege" sah sie an und sagte: „Wenn du es nicht bezahlen müsstest, würdest du es doch nehmen, oder?" Wir waren ziemlich baff. Als der Kellner ging und uns sitzen ließ, hörte ich, wie er beim Gehen zu sich selbst sagte: „Einfach mal Kopf einschalten." Dieser Satz war nicht auf seinen, sondern auf den Kopf meiner Kollegin bezogen. Auch wenn sie ihre korrekte Bestellung bekam und die Fehlbestellung natürlich nicht bezahlen musste, waren wir dermaßen brüskiert, dass ich bis heute dieses Restaurant nicht mehr betreten habe oder werde.

Ein weiteres Beispiel ereignete sich ein paar Jahre später. Ich lud zwei Kollegen zum Eis essen an der Alster ein. Die Eisdiele ist recht bekannt und sieht von außen schick und mondän aus. Ich wollte mich auch nicht lumpen lassen und empfand es als angemessen dort einzukehren. Wir entschieden uns für Eisbecher. Eine der Kolleginnen bestellte einen Eisbecher, der Erdbeereis enthielt, welches sie aber nicht mochte. Sie fragte die Kellnerin, ob sie stattdessen eine andere Sorte bekommen könnte, was die Kellnerin verneinte. Auf die Frage der Kollegin, wieso nicht, antwortete die Kellnerin: „Weil die so bestellt werden müssen, wie sie in der Karte stehen."

Wir verstanden es überhaupt nicht und es ergibt auch keinen Sinn, da die Eisdiele auch Portionseis (Eiskugeln) verkaufte, und vom warenwirtschaftlichem sollte es kein Problem sein. Auch diese Eisdiele sah mich als Gast zum ersten und zum letzten Mal. Was Kellner noch alles falsch machen und man regelmäßig als Gast sieht?

Hier ein paar Beispiele:

- Kellnerinnen, die sich die Haare richten oder vor einem Spiegel stehen und sich schminken
- Popeln
- Am Handy spielen
- Privat telefonieren
- Sich durch das Gesicht fahren
- Erst niesen und dann nicht die Flossen waschen
- Nach Zigarettenrauch, Schweiß oder Alkohol stinken
- Mit Kollegen in Hörweite der Gäste über Gäste reden
- An den Tisch gehen und Gäste mit: „Was wollen Sie bestellen?" begrüßen
- Kaugummi kauen
- Hinter dem Tresen stehen und nichts tun

- In ein Glas hauchen und es dann polieren
- Mit einem Tuch den Tresen wischen und danach damit Gläser polieren
- Gäste beleidigen, kritisieren oder bei Beschwerden unangemessen reagieren
- Keinen Blickkontakt mit den Gästen

Gerade wir, die seit Jahren oder Jahrzehnten im Beruf sind, neigen dazu, betriebsblind zu werden. Vieles, was für uns selbstverständlich ist, sehen oder verstehen Gäste oft nicht, und so tappen zuweilen Gäste in Fallen, die sie nicht erkennen können. Es ist daher dem Feingefühl des Kellners geschuldet zu erkennen, ob ein Gast unverschämt oder unerfahren ist, wenn er etwas tut oder nicht tut, was dem Kellner übel aufstößt. Ich ertappe mich selbst oft dabei zu versuchen, mich als Gast zu reflektieren, wenn ich das Gefühl habe, einem Gast unrecht zu tun. Dennoch bin ich nach über dreizehn Jahren dermaßen gastronomisch konditioniert, dass ich vieles als logisch ansehe und diese Logik aus einem gesunden Empfinden des Menschenverstandes ableite und erwarte, dass auch Gäste in der Lage sind, ihr Fehlverhalten einzusehen.

Dass dies oft nicht der Fall ist, weil der Gast seine Hoheit nicht verlieren will, treibt mir häufig den Wutschweiß auf die Stirn. Und genau daher ist es wichtig, dass ein Gast sich „fallen lässt“ und die Regie dem Kellner überlässt. Beschwert sich also ein Gast, ist jeder Kellner gut beraten, genau abzuwägen, ob die Beschwerde gerecht ist oder nicht. Ist sie gerecht, so muss man unbedingt den Gästestandpunkt reflektieren, um sicher zu sein, sich nicht zu blamieren. Was kann man also zur „Betriebsblindheit“ neigenden Kellnern raten? Ganz einfach: Selbst so oft es geht in unterschiedlichen Restaurants essen gehen. Das bringt oft neue Gesichtspunkte und erweitert im wahrsten Sinne des Wortes den eigenen Tellerrand!

Der Verkaufsmitarbeiter

Eine der am gefürchtesten Exemplare von Hotellerierassen ist der Mitarbeiter im Verkauf. Diese Spezies soll im einfachsten Sinne Veranstaltungen im Hause verkaufen, schafft es jedoch oft, daraus das schlimmste Chaos zu veranstalten und ist sich am Ende keiner Schuld bewusst! Schuld war der Gast, denn: „Der wollte das unbedingt so!"

In der Regel fristen sie ihr berufliches Dasein in fensterlosen Kellergewölben und kennen Tageslicht nur vom karibischen Hintergrund ihres Monitors. Dabei schmücken sie Abitur und Studium, Berufsaus- und Weiterbildung, schaffen es jedoch, ihr gelerntes Fachwissen größtenteils zu verleugnen.

„Der Kunde ist König" will für Verkaufsmitarbeiter heißen: „Wir verkaufen dem Kunden alles, was er will, egal ob der Service das auch umsetzen kann." Die zumeist sehr jungen, schwarz kostümierten Damen verkaufen gerne für 200 Personen fünf unterschiedliche Cocktails, obwohl nur ein Barkeeper eingeplant ist. Sie kalkulieren ein Flying Buffet mit zwei Azubis oder verkaufen einfach einen Tagungsraum für 500 Personen, die dann kurzentschlossen am nächsten Tag sofort beginnen wollen und das, obwohl der Bankett-Chef im Urlaub ist.

Flexibilität ist ein Markenzeichen der „Büropinguine". Da hast du für die 500 Tagungsgäste den Saal „parlamentarisch" bestuhlt und zack, kommt die Verkaufsassistentin mit Klemmbrett, Handy und ernster Miene in den Saal, mit der freudigen Mitteilung: „Der Gast hat eben angerufen, sie sind in einer Stunde da, wollen jetzt aber doch Kinobestuhlung, kein Problem, oder?"

Nein, kein Problem, denn Prinzessin Klemmbrett packt ja nicht mit an, während der Rest aus der gerade begonnenen Mittagspause stürmt. Sie zieht es eher vor, noch schnell das Stück Hochzeitstorte zu essen, welches von gestern übrig blieb.

Natürlich klappt alles und so ist es der Verkauf, der die Lorbeeren einheimst ebenso wie das Trinkgeld.

Miss Kellnerin oder eher Miese Kellnerin 2016

Ok, das ist die Rache dafür, dass ich mich immer über Gäste lustig mache.

Miss Kellnerin 2016

Gestern war ich mit meiner Frau essen. Als wir uns in dem uns unbekannten Restaurant einen Tisch aussuchten, kam sofort die Kellnerin und legte die Karten auf den Tisch, bevor wir uns überhaupt hingesetzt hatten. Die hielt sich erst gar nicht mit so banalen Dingen wie einem Gruß oder einem Lächeln auf. Wir setzten uns und nach 20 Minuten kam Miss Abitur wieder und fragte emotionslos: „Möchten Sie was bestellen?"

Ich: „Nein, wir sind hier, um die Karte zu lesen und kostenlos aufs Klo zu gehen."

Dümmlich dreinschauend sah sie mich verwirrt an. Ich fragte: „Ich kann mich nicht zwischen Dorsch und Zander entscheiden, was würden Sie empfehlen?"

Miss Emo: „Das müssen Sie selber wissen, ich esse keinen Fisch."

Ich: „Und deswegen können Sie nichts empfehlen?"

Miss Flodder: „Nein, ist beides fast das Gleiche."

Ich: „Gut, ich nehme dann den Fisch."

Sie notierte es und sah meine Frau an, die das Rinderfilet wählte und dann sagte: „Ich möchte es Medium well."

Miss Stupid: „Da muss ich in der Küche fragen."

Meine Frau: „Sie müssen in der Küche fragen, ob ich mein Filet Medium well haben darf?"

Miss Motzig: „Ja, Anweisung vom Chef."

Da hat es mir dann gereicht. Nicht nur, dass sie nicht einmal nach den Getränken fragte, war das auch die Inkompetenz in Person.

Empfehlung des Tages:

Lyrik - frisch und knackig

Die Gastroholische Kirche und ihre Gebote

Das Küchenchefunser

Küchenchef unser, der du bist der Beste.
Geheiligt werde deine Cuisine.
Dein Kellner komme, dein Wille geschehe,
Wie im à la Carte als auch im Bankett.
Unsere täglich Strafe gib uns heute,
Und vergib uns, dass wir Scheiße verkaufen, wie auch wir vergebe denen, die Scheiße bestellen.
Und führe uns nicht in Versuchung, sondern erlöse uns von Lebensmittelunverträglichkeiten.
Denn dein ist der Pass, die Küche, und das Personal.
Bis in alle Ewigkeit,

SCHICKEN

Eine Weisheit wie aus der Bibel

Der perfekte Kellner?
Ist der Kellner, welcher Fehler so macht, dass der Gast sie nicht sieht!

– Gastronomicus –

Der Kellner-Goethe

Spontandichtung:
Wer reitet vorbei bei Nacht und Wind,
Es ist der Gast und er ist blind.
Der Eingang so hell,
Die Reklame so grell,
Er sieht es nicht oder ist er dicht?
Pudelnass steht er jetzt drinnen,
Das Regenwasser läuft in Rinnen,
Die Frau sieht aus wie ein Killer-Clown,
Die Schminke verlaufen, man glaubt es kaum.
Der Laden voll, kein Tisch ist frei,
Dem Gast ist es ganz einerlei,
Die Frau am Fluchen, der Mann am Suchen,
Einen freien Tisch, den gibt es nicht.
Der Kellner naht, die Hoffnung lodert,
Des Kellners Frage: „Haben Sie geordert?"
Der verneint, man sei spontan.
Des Kellners Schultern zucken dann.
„Es tut mir leid, denn wir sind voll."
Die Frau am Weinen: „Na, das ist toll. Was machen wir, was wird passieren, wir sind doch beide so am Frieren."
Der Kellner nur so: „Reservieren!"
So irrt das Pärchen durch die Nacht,
Im Restaurant, da wird gelacht.

10 kleine Kellnerlein ...

Zehn kleine Kellnerlein, die sich über Kritik freu'n,
Einer jedoch muckte auf, da war'n es nur noch neun.
Neun kleine Kellnerlein, die hassten des Chefs Macht,
Da haben sie ihn abflambiert,
Dann waren's nur noch acht.
Acht kleine Kellnerlein, die ärgerten den Koch,
Der lehrte einem dann das Fliegen,
Da waren's nur noch sieben.
Sieben kleine Kellnerlein, die waren sehr perplex,
Der Umsatz stimmt bei weitem nicht,
Da waren's nur noch sechs.
Sechs kleine Kellnerlein, die saßen auf dem Klo,
Der eine schnarcht, dann macht es *dünf*,
Da waren's nur noch fünf.
Fünf kleine Kellnerlein, die saufen wie ein Tier,
Der eine kam dann nicht zur Schicht,
Da waren's nur noch vier.
Vier kleine Kellnerlein, die wären so gerne frei.
Einer hat's der Frau erzählt,
Da waren's nur noch drei.
Drei kleine Kellnerlein, die gingen am Pass vorbei,
Einer fraß was von dem Teller,
Da waren's nur noch zwei.
Zwei kleine Kellnerlein, die liebten die Frau vom Chef,
Der nahm's alles mit Humor,
Dann war der eine weg.
Ein kleines Kellnerlein stand im Betrieb allein,
Die Arbeit wurde ihm zu viel,
Stellte neun neue ein.

Das „Gastunser“

Gast unser, der du bist König,
Geheiligt werde dein Trinkgeld.
Dein Hunger komme,
Dein Durst vergehe,
Wie im Restaurant als auch an der Bar.
Unsern täglich’ Nervenzusammenbruch gib uns heute, und vergib uns unsere Motivationslosigkeit, wie auch wir vergeben unseren Peinigern.
Und führe uns nicht in die Alkoholsucht,
sondern erlöse uns von dummen Fragen und ungeduldigen Menschen.

Denn dein ist das Restaurant,
Der Kellner und der heilige Chef.
Bis in alle Ewigkeit,

ZAHLEN!

Die Top 10

Oder: Das Gelbe vom Ei

Die 10 ...

Nach Jahren der Beobachtung sammelt man dermaßen viele Übereinstimmungen, dass man daraus ein Ranking erstellen kann. Im Folgenden mal ein paar Beispiele:

Die zehn nervigsten Gästetypen nach Nationen*

10. Der Franzose. Gibt nie Trinkgeld, auch wenn man ihm sagt, dass es nicht in der Nettorechnung inkludiert ist.

9. Der Österreicher. Bestellt grundsätzlich Kaffeespezialitäten (Einspänner, Zweispänner, Badeseespanner) und Desserts, die es hier nicht gibt. Sorry, ich bestelle in Wien auch kein Labskaus und Alsterwasser!

8. Der Inder. Alles essen die scharf, selbst Milchreis wollen sie mit Curry, Tabasco oder Ingwer haben. Die superreichen Inder reden nicht mal mit dir, sondern sagen ihrem Sprechdiener, was sie von dir wollen. Außerdem begreifen sie einfach nicht, dass man verdammt nochmal kein „Weifei" hat.

7. Der Spanier. Redet so schnell in einem so schlechten Englisch, dass man sich nicht sicher ist, ob das nun Englisch, Spanisch oder Klingonisch sein soll. Permanent rufen sie dich an den Tisch, um möglichst alles immer nacheinander statt zusammen zu bestellen. Trinkgeld? Nein!

6. Der Amerikaner. Bringt es fertig, in brüllendem Texas-Englisch den ganzen Laden zu unterhalten, nach

dem Motto: „Sieh her, wir sind es und sind gerade einmarschiert." Dabei trinken sie teuren Rotwein aus der Flasche und fragen, was du mit der Blumenvase willst, beim Versuch den Margaux zu dekantieren. Schlimm ist der Anblick, wie sie wirklich das feinste Essen in Ketchup ersäufen und alles mit Pommes bestellen. Einziger Pluspunkt: Sie tippen wie keine andere Nation.

5. Der Deutsche. Fragt nach jedem Scheiß, sogar aus welcher Tiefe das Mineralwasser gefördert wurde. Dazu muss alles Bio sein. Gegessen wird nur, was zu Lebzeiten glücklich war. Auch Brokkoli ist schließlich ein Lebewesen. Komischerweise haben hierzulande alle eine Intoleranz, was wohl mittlerweile zum guten Ton gehört.

4. Der Engländer. Laut, stets am Trinken und macht gerne mal was kaputt. Egal, er klopft dir auf die Schulter und haucht dir ein alkoholgeschwängertes „my friend" ins Ohr, ehe er sich die nächste Runde Bier in die ohnehin schon geflutete Rübe schüttet. Engländer sind nie allein und tauchen meist in Junggesellenrudeln auf, weil bei uns der Alk so billig ist. Außerdem glotzen sie beim Überqueren der Straße immer auf die falsche Seite.

3. Der Russe. Zu erkennen an dem kahlrasierten Schädel, dem grimmigen Gesichtsausdruck und der Jogginghosen-Lederjacken-Kombi. Er tritt meist mit seiner overdressed Frau auf, die eine Leopardenfelljacke trägt, dazu eine LV-Handtasche mit passendem Taschenköter. Meist reden sie einsilbig und ohne aufhaltendes „bitte" oder „danke". Wenn man denn Russen hat, die Englisch können. Die meisten jedoch übergießen dich mit feinstem

Russisch, dass du nicht weißt, ob sie was bestellen oder dich beschimpfen.

2. Der Chinese. Schmatzt beim Essen und wenn er eine Triefnase hat, zieht er den Schnodder geräuschintensiv in die Nasennebenhöhlen. Dabei bestellt er ein Sechs-Gang-Menü komplett auf einmal und isst alles quer durcheinander. Dessert mit Suppe, Hauptgang mit Austern, egal, schmeckt alles auch gleichzeitig gut. Dabei werden tausend Bilder gemacht und immer nett „yes“ gesagt, egal was du auch fragst. „Kommunismus ist scheiße?“ „Yes, yes.“

1. Der Araber. Auch wenn er dich permanent mit „my friend“ anredet, sind das die mit Abstand anstrengendsten Gäste. Sie fragen immer nach „Weifei“ und wollen, dass du es noch auf ihren Handys einstellst. Vorausgesetzt, dass du Arabisch lesen kannst. Da besitzen die ein 1.000 Euro-iPhone und können damit nicht umgehen. Bedienen darfst du sie nur mit entsprechendem Chromosomensatz und gucke nicht zu intensiv auf die weiblichen Begleiter. Auch sie bestellen gerne einsilbig: „Fruit Cocktail.“ „Which kind?“ „Fruit Cocktail.“ „With or without alcohol?“ „Fruit Cocktail.“

Araber bestellen gerne sehr viel, essen aber vielleicht die Hälfte und alles, was bestellt wird, muss sofort serviert werden. Sie bestellen ein 500 g Steak? Hat gefälligst in fünf Minuten am Gast zu sein. Wenn dann eine Gruppe Araber nach beendetem Mahl das Restaurant verlässt, kann es passieren, dass man unter dem ganzen Müll aus Servietten und Preisschildern vom vorherigen Shoppen noch einen Tisch findet.

Lieblingswort des arabischen Gastes ist: „Fast, fast!“

*Diese Auflistung entbehrt jeden Rassismus und ist lediglich als Reflektion einer jahrelangen Beobachtung nationenspezifischer Besonderheiten zu verstehen.

10 Dinge, an denen man merkt, dass man zu viel arbeitet:

10. Man ruft von Zuhause beim Chef an und wählt nur die Durchwahl statt die ganze Telefonnummer.

9. Man meldet sich zu Hause am Telefon mit dem Namen des Restaurants und einem Dank für den Anruf.

8. Man macht zu Hause vor dem Kochen erst mal MEP und deckt den Tisch fachmännisch ein.

7. Man bringt seiner Frau nach dem Essen die Rechnung.

6. Man zieht seine Uniform an, wenn die Frau sagt: „Zieh dir doch mal was Vernünftiges an."

5. Man wacht nach einer durchzechten Nacht nicht auf dem heimischen Sofa auf, sondern auf dem Sofa in der Hotellobby.

4. Wenn die Eltern zu Besuch kommen, fragt man, ob sie reserviert haben.

3. Man nimmt seine Playstation mit zur Arbeit.

2. Man ruft beim Pizza-Service an und nimmt die Bestellung auf.

1. Man begrüßt seinen Chef mit einer Umarmung, einem Kuss auf die Wange und sagt: „Hallo Schatz, schön dass wir uns mal wiedersehen können!"

Die 10 Feinde des Servicepersonals

Es gibt eintausend verschiedene Möglichkeiten, sich so unbeliebt in einem Restaurant zu machen, dass man aus demselben höflich aber bestimmt hinausgebeten wird. Hier sind einige Verhaltensmaßregeln, an denen Sie sich gerne orientieren können, sollten Sie mal einen schlechten Abgang aus einem Restaurant planen:

10. Sie sind Vegetarier, Veganer und/oder gegen alles Mögliche allergisch, außerdem noch sehr wählerisch und mögen nicht alles!

9. Sie betreten das Restaurant volltrunken. Das Personal ist Ihnen gerne auf der Toilette beim Kotzen behilflich!

8. Sie kommen aus dem Ausland und können kein Wort Deutsch oder Englisch? Ein Wörterbuch haben Sie nicht dabei und auch kein Handy mit einem Übersetzer? Das macht doch nichts, der Kellner wird Ihr wildes Gestikulieren und Fluchen in Ihrer Landessprache sicher richtig zu deuten wissen.

7. Sie wollen zahlen, aber Ihre Kreditkarte streikt? Kein Thema, denn auch wenn Ihre finanzielle Situation nicht zur Wirklichkeit passt, geizen Sie nicht mit Sprüchen wie: „Also die Karte geht sonst immer.“, „Vorhin ging sie noch.“, „Ihr Gerät ist kaputt.“

6. Sie haben Probleme beim Laufen, sagen es vorher nicht, beschweren sich aber bei Ankunft darüber, wie Sie denn die zwanzig Stufen hinauf in das Restaurant gelangen sollen.

5. Sie reservieren um 20 Uhr einen Tisch, rufen um halb neun an, dass Sie doch erst um neun kommen und erscheinen schlussendlich erst um zehn. Das auf einem Sonnabend zur Ferienzeit und an einem Feiertag. So ist man schon aus dem Restaurant geflogen, ehe man es überhaupt richtig betreten hat.

4. Sie sind Fructoveganer mit einer ausgeprägten Gluten- und Lactoseintoleranz und mögen zudem keine Früchte mit hohem Säuregehalt, Wasser bitte nur natriumarm, ohne Kohlensäure und ungekühlt. Ihre „Einschränkungen“ haben Sie bei der Reservierung nicht angegeben, erwarten aber schnelle Alternativen? Damit sind Sie in der Beliebtheit bei Service und Küche ganz groß im Kurs.

3. Schalten Sie vor dem Restaurantbesuch unbedingt Ihr Handy auf höchste Lautstärke und stellen Sie den nervigsten, monotonen Klingelton ein, den Sie haben. Wenn dann Ihr Geschäftspartner anruft, reden Sie so laut es geht über die Arbeit, dass ohne Sie ja nichts funktioniert, streuen Sie ultimative, englische Wirtschaftsbegriffe mit

ein, um möglichst professionell und erfolgreich zu wirken, und ziehen Sie es eine halbe Stunde so durch. Nach dem Telefonat rufen Sie Ihre Ehefrau an und erklären Ihr, dass Sie noch ein paar Tage länger auf Geschäftsreise sind, während neben Ihnen die übertakelte Dame vom Hostessendienst gelangweilt am Champagner nippt.

2. Sie haben einen großen, zotteligen Hund? Perfekt! Lassen Sie ihn am besten in einem verdreckten Baggersee ordentlich toben und besuchen dann ein Restaurant. Wenn das Sozialverhalten Ihres Vierbeiners nicht das Beste ist, umso besser. Bellen, knurren und der betörende Geruch von Hund, Brack und Baggersee mischen sich gut mit den sonst störenden Speisegerüchen. Lassen Sie die anderen Gäste und die Kellner ruhig wissen, dass Ihr Bronko ein ganz Lieber ist, nur eben etwas schreckhaft, und vermeiden Sie nicht den Standardsatz: „Der tut nichts, nur wenn er sich bedrängt fühlt." Wenn sich Bronko dann noch am Büffet mitten im Gastraum einmal kräftig schüttelt, sind Sie noch vor der ersten Bestellung wieder da, wo Sie vorher waren: VOR dem Restaurant.

1. „Der Kunde ist König, nicht Gott" gilt nicht für Sie? Sie haben viel Geld und wollen das auch zeigen, gleichwohl sind Sie Individualist und lassen sich eh nichts vorschreiben? PERFEKT! Sie rülpsen, schmatzen und nennen Ihre Freundin „Fötzi", rufen permanent „Ey Kellner!" oder „Süße, schieb deinen Schürzenarsch her", umso besser. Ihrer Freundin erklären Sie nebenbei, dass Sie als Gast die Gehälter des Personals zahlen, die gefälligst die Fresse zu halten haben. Beschweren Sie sich ruhig hier und da mal über die zu langen Wartezeiten und die Qualität des

Essens und streuen Bemerkungen ein, wie: „Ey, ich hab 'ne schwarze Amex!" Am Ende des Gelages geben Sie bloß kein Trinkgeld und betonen Sie, dass Sie mit dem Chef des Öfteren golfen und ihm diese widerlichen Zustände hier mitteilen werden. Auch wenn Sie nicht sofort aus dem Restaurant fliegen, zu kommen brauchen Sie definitiv NIE WIEDER!!!

10 Fragen, die Sie NIEMALS einem Kellner stellen dürfen

10. „Sind Sie wirklich so doof oder gehört das zu Ihrem Beruf?"

9. „Waren Sie mal bei ‚Die Auswanderer' und sind gescheitert zurückgekehrt?"

8. „Darf ich die Verpackung vom Fleisch mal sehen, ich will wissen, ob es noch gut ist."

7. „Hat die Klofrau gekündigt oder warum ist es bei Ihnen so dreckig?"

6. „Haben Sie mal eben die Nummer vom Gesundheitsamt für mich?"

5. „Ist das jetzt meine Rechnung oder Ihre Schuldentilgungsrate?"

4. „Kann es sein, dass dies hier kein Kaffee, sondern altes Fritteusenfett ist?"

3. „Ich koche auch gerne. Darf ich Ihrer Kollegin mal meinen Zauberstab zeigen?"

2. „Sind Sie immer so freundlich oder hat Ihre Frau Sie mal wieder rangelassen?"

1. „Suchen Sie noch Personal? Wenn ja, suchen Sie mal kompetentes!"

Die 10 dümmsten Fragen/Kommentare, die Gäste stellen und was man als Kellner am liebsten entgegnen würde, aber nicht darf

10. Ein Gast hat sein Bier ausgetrunken, hebt das leere Glas hoch in die Luft und ruft laut: „Können Sie da mal die Luft rauslassen?" Da würde man am liebsten antworten: „Aus Ihrer fetten Frau?"

9. „Mussten Sie das Schwein erst schlachten oder warum dauert das so lange?" „Klar muss man das Schwein vorher schlachten oder soll ich Ihnen ein lebendes Ferkel mit Apfel im Maul servieren?"

8. „Ist das Bier auf halben Wege verdunstet?" „Nein, es war zu voll, da habe ich ein wenig abgetrunken."

7. „Ich will mich beschweren!" „Dann binden Sie sich einen Stein an die Füße und springen in die Elbe!"

6. „Was können Sie empfehlen?" „Ein anderes Restaurant!"

5. „Kann ich mal was bestellen oder wie?!" „Ja, am liebsten ein Taxi!"

4. „ZAHLEN!!!" „1 2 3 4 5 6 7 8 9 10."

3. „Haben Sie ein Klo?" „Nein, scheißen Sie in den Blumenkübel."

2. „Kann man hier essen?" „Nein, wir sind ein Möbelhaus!"

1. „Arbeiten Sie hier?" „Nein, ich heiße Al und verkaufe normalerweise Schuhe!"

Die 10 Verhaltensregeln bei Menüs

10. Egal, wann das Menü losgeht, komme am besten zu spät, aber rufe an und verlange, dass du trotzdem das volle Menü bekommst. Den Köchen macht es nichts aus, dass du eine Extrawurst bekommst.

9. Raucherpausen? Klar, am besten unmittelbar vor jedem neuen Gang. Den Kellnern macht es nichts aus, jedes Mal deinen Teller auf den leeren Platz zu stellen und nicht zu wissen, wann du wiederkommst. Sonst sage einfach dem Kellner, er soll deinen Teller warm stellen, auch den Küchenchef stört es nicht, deinen Teller am Pass stehen zu haben, während er den nächsten Gang vorbereitet. Schadet ja auch nichts, wenn dein Rinderfilet so lange nachzieht, bis es à la Sohle ist.

8. Wenn du Getränke bestellen willst, machst du es am besten nicht zwischen den Gängen, wenn die Kellner dafür um die Tische laufen, sondern dann, wenn die Kellner gerade den nächsten Gang servieren wollen. Ihnen macht es nichts aus, dir zwischen dem Schicken noch Getränke zu machen.

7. Du hast zwar vor dir eine Menükarte stehen, aber frage ruhig den Kellner mehrmals, was es zu essen gibt. Auch Fragen zu Inhaltsstoffen und Lieferanten sind gerne gesehen.

6. Es gibt Brot vorweg? Dann iss dich damit einfach komplett satt, denn jeder weiß ja, wie knapp die Portionsgrößen sind. Auch ist es völlig in Ordnung, das Brot mehrmals nachfüllen zu lassen und auch nach anderen Brotsorten zu fragen.

5. Das Menü besteht aus mehr als fünf Gängen? Dann beschwere dich beim Servieren des ersten Ganges am besten sofort über die kleine Portionsgröße. Hämische Kommentare und abfällige Bemerkungen fasst jeder Kellner mit Humor auf.

4. Zwei Gänge vor dem Dessert tun das Brot und die vorherigen Gänge ihre Wirkung und du bist nach der Kampfvöllerei satt? Dann bestelle die letzten Gänge ab und beschwere dich darüber, dass der Küchenchef die Portionsgrößen falsch kalkuliert hat und die Gäste mit Brot sättigen will, um weniger Essen auf den Teller zu bringen.

3. Du hast eine Lebensmittelunverträglichkeit? Dann warte mit der Information bis zum Servieren des ersten Ganges. Der Küchenchef liebt es, flexibel und à la minute dir ein Spezialmenü zu kochen.

2. Alle Getränke sind für dich kostenlos, weil du eingeladen wurdest? Dann trinke nur so viel, wie mit aller Gewalt rein geht. Merkst du, dass der Kellner an deinen Tisch kommt, um Wein nachzuschenken, trinke dein komplett volles Glas auf ex weg, damit der Kellner sofort nachschenken kann. Das wiederholst du mehrmals und forderst dann den Kellner auf, die Flasche einfach auf den Tisch zu stellen. Schließlich willst du ihm nur die Arbeit abnehmen.

1. Voll wie du bist, genießt du den Abend erst dann so richtig, wenn er fast schon zu Ende ist. Da hilft es, den Kellner weiterhin um Weinflaschen zu erleichtern und gerne auch die Reste wegzusaufen, man muss ja schließlich nichts bezahlen. Zu guter Letzt kotzt du dann noch vor das Klo und bedankst dich beim Kellner für den netten Abend.

10 Dinge, die man mit einem Barkeeper nicht tun sollte!

DER CHECKER

Du kommst in eine Bar und sagst: „Barkeeper, zwei Drinks!" Das solltest du unterlassen, wenn du nicht willst, dass der Barkeeper dir irgendeinen Schrott zusammenpanscht.

DIE SNACKER

Du siehst vor dir die Schale mit den Erdnüssen und willst beherzt reingreifen? Das solltest du lassen, wenn du dir vergegenwärtigst, wie viele Personen sich nach dem Gang auf die Toilette, nach dem Niesen oder nach dem Popeln nicht die Hände waschen.

DER EISMANN

Beschwere dich nie darüber, dass in einem Cocktailglas zu viel Eis ist und unterstelle damit einem Barkeeper, dass er dich bescheißt. Wenn dich ein Barkeeper bescheißen will, dann tut er es eh so, dass du es nicht merkst!

DER ALKOHOLVERWEIGERER

Bestelle nie einen Cocktail und verlange darin weniger Alkohol als angegeben. Cocktails unterliegen Rezepten, verlangst du eine Abweichung, muss das Rezept umgerechnet werden. Sonst bestelle dir was anderes!

DER UNENTSCHLOSSENE

Du lässt dich stundenlang vom Barkeeper beraten und quälst ihn mit tausend Fragen, nur um am Ende ein Bier zu bestellen? Dafür wird dich der Barkeeper hassen.

DER INKOGNITO-RAUCHER

Es herrscht in der Bar Rauchverbot, aber du bist zu faul rauszugehen? Dann hältst du die Zigarette bedeckt zwischen deinen Beinen und rauchst in der Hocke auf ganz verdächtig. Du denkst, dass es klappt, aber sei dir bei einem sicher:

Ein Barkeeper sieht alles!!!

DER LANGZEITTRINKER

Du bist in einer guten Bar und hältst dich aus Spargründen zwei Stunden an einem Hefeweizen auf? Lass es lieber, sonst kommt der Barkeeper alle fünf Minuten und fragt dich extra, ob du einen Wunsch hast.

DER TERRORIST

Du bist betrunken und es läuft bei dir nicht gut? Du willst Frust abbauen, pöbelst den Barkeeper an und willst ihm in Chuck Norris-Manier eins aufs Maul hauen?
Versuche es, aber sei dir sicher: Der Barkeeper hat mehr Nasen gebrochen als du Frauenherzen!

DER ECKENKOTZER

Du hast zu viel gesoffen, schaffst es nicht mehr aufs Klo zum Kotzen und göbelst in die Ecke? Du tust danach so, als wäre nichts gewesen und versuchst dich aus der Affäre zu ziehen? Sei lieber ehrlich und mache deine „Bodenpizza“ selber weg, bevor der Barkeeper deine Kotze mit deinem Anzug wegwischt!

DER GROßKOTZ

Du bringst gerne dumme Sprüche wie „Lokalrunde!!!“ und glaubst, dass es witzig ist? Dann wirst du sehen, wie sehr der Barkeeper lacht, wenn er dir am Ende die Rechnung vorlegt. Dann lachst du nicht mehr!

Fünf Gründe, warum dein Partner nicht in der Gastronomie arbeiten sollte:

5. Dein Partner freut sich, wenn er ein Restaurant betritt und nicht wie du das Personal-/Gastmengenverhältnis, die MEP-Stationen und die Toilette kontrolliert, sich über den Service beschwert und stundenlang die Speisekarte nach Rechtschreibfehlern kontrolliert. Dafür findet es dein Partner sicher doof, wenn du mit dem Sommelier fachsimpelst, dir die Küche ansiehst oder dich mit dem Oberkellner über aktuelle Gastrotrends unterhältst.

4. Dein Partner denkt nicht wie du die ganze Zeit ans Arbeiten und plant nicht jedes Abendessen so, als würdest du es für einen Gast tun. Sicherlich stört es deinen Partner, wenn du in deiner Freizeit mit dem Küchenchef telefonierst, um zu wissen, wie lange zwei Kilo Kalb bei Niedergartemperatur brauchen.

3. Du sitzt mit deinem Partner im Reisebüro und planst euren Urlaub, wobei dein Partner eh nie zu Wort kommt, weil du mit der Tante vom Reisebüro Reiseberichte und Erfahrungen mit unmöglichen Hotels austauschst, ihr euch über Touristen lustig macht und dein Partner daneben sitzt und nichts versteht. Am Ende macht ihr doch Urlaub in Timmendorf.

2. Dein Partner kann nicht verstehen, wieso du beim Einkaufen nicht auf den Preis, sondern auf Qualität achtest und die Verkäufer mit Fragen löcherst, die sie noch nicht mal verstehen können. Am Ende kauft ihr für ein halbes Monatsgehalt ein und du freust dich wie an Weihnach-

ten, während dein Partner verständnislos die Einkäufe schleppt.

1. Dein Partner kann es nicht verstehen, wie man mit den Arbeitszeiten bei deinem Gehalt glücklich sein kann, obwohl du immer über Gäste meckerst und sie dir an den Galgen wünschst, am nächsten Tag es aber nicht erwarten kannst, wieder arbeiten zu gehen, nur um am Ende wieder den Tag lächelnd zu verfluchen, weil Gastronomie für dich ist wie Alkohol: Kurz danach hasst du ihn und gelobst, dich von ihm abzuwenden, nur um dann wieder rückfällig zu werden.

Meine 10 Lieblings-Online-Reservierungen

Wer Online-Reservierungssysteme wie bookatable, opentable oder ähnliche benutzt, weiß, dass man zu seiner Reservierung auch kurze Wunschtexte anführen kann. Was da so manch ein Gast reinschreibt, verdient mal veröffentlicht zu werden:

10. „Wir hätten gerne einen schönen Tisch vor dem Fenster."
Also auf der Terrasse???

9. „Ich habe folgende Intoleranzen: Laktose, Fruktose, Werder Bremen."

8. „Ich bringe meinen Hund mit, er trinkt nur Cola."

7. „Bei schönem Wetter gerne einen Tisch sowohl auf der Terrasse als auch drin, falls es nicht mehr schön wird."

6. „Meine Frau feiert dieses Jahr ihren Geburtstag von nächstem Jahr nach."

Das musste ich zweimal lesen ...

5. „Bitte ein extra Kissen für den Stuhl wegen Hämorrhoiden."

4. „Wir sind *eventuell* auch 10 Personen mehr und kommen entweder eine Stunde früher oder später."

3. „Bei eventuellen Rückfragen Ihrerseits, bitte um Rückruf: 0900/ 60 60 60 600"

2. „Wir möchten das Fünf-Gang-Menü. Haben nur eine halbe Stunde Zeit."

1. „Wir kommen mit einem Kind, einem Hund und meine Frau ist auch dabei."

10 Dinge, an denen du merkst, dass du zu viel arbeitest!

10. Du versuchst mit dem Orderman eine WhatsApp zu schreiben.

9. Dein Ess- und Couchtisch haben Nummern.

8. Deinen Chef begrüßt du mit Küsschen und: „Hallo Schatz, wie war dein Tag?“

7. Du gehst in Uniform schlafen und im Schlafanzug zur Arbeit, weil du die Reihenfolge nicht mehr drauf hast.

6. Wenn deine Frau mit dem Essen fertig ist, bringst du ihr die Rechnung.

5. Wenn das Telefon klingelt, rappelst du die Betriebsbegrüßung runter.

4. Wenn du Besuch bekommst, fragst du nach der Reservierung.

3. Deine Frau benutzt eine Passglocke, um dich zu wecken.

2. Bauen deine Kinder Scheiße, schreibst du ihnen eine Abmahnung.

1. Deine Frau bekommt Trinkgeld nach dem Abräumen.

Nachtisch

Es ist durchaus möglich, dass du nun denken könntest, ich sei frustriert oder habe vielleicht den falschen Job, weil die eine oder andere Geschichte etwas bitter, zynisch oder frustriert klingt? Dem ist nicht so, denn was ich dir hier präsentiere, ist die Spitze des Eisbergs, das eine Prozent an Gästen, denen ich diese Geschichten zu verdanken habe. Der überwältigende Großteil ist nett bis sehr nett, zuweilen sogar freundschaftlich. Die vielen netten oder eben auch „normalen" Gäste geben mir die Energie diesen Job seit über einem Jahrzehnt zu machen, ein Ende ist nicht in Sicht. Ich werde oft gefragt, wieso ich diesen Job mache oder was mich in diesem Job hält, nach allem, was ich so erleb(t)e. Die Antwort ist eindeutig: Leidenschaft. Ich habe einen Beruf gefunden, welcher meinem Naturell entspricht, ich habe die Gabe als Geschenk bekommen mit jeder Art von Mensch so umgehen zu können, dass er sich verstanden fühlt, und auch wenn die Gastronomie oft von einem verlangt, an die Grenzen des physisch und psychisch Machbaren zu gehen, gibt es nichts schöneres, als nach einem wirklich anstrengenden Arbeitstag zuhause zu sitzen und zu wissen, was man geleistet hat. Man bekommt viel Dankbarkeit, Lob, Respekt. Würde ich es anderen empfehlen in der Gastronomie zu arbeiten? Wenn man gerne mit Menschen arbeitet, definitiv ja!

Versuch es also, wenn dich meine Geschichten nicht abschrecken, sondern eher herausfordern! Wage einfach mal einen kleinen Schritt und gucke, ob es dir gefällt!

Ich möchte zum Schluss noch alle Kollegen grüßen, die wie ich jeden Tag solche Geschichten erleben, den Mut nicht verlieren und mit mir gemeinsam darüber lachen können, statt resignierend das Handtuch zu werfen. Denn meine Mama hat immer schon gesagt: „Es wird nie etwas so heiß gegessen, wie es gekocht wird."

Der Autor

„Guter Service kostet nichts, ist aber unbezahlbar."
– Olli Riek –

Olli Riek, geboren 1981 in Hamburg, hat Restaurantfachmann, Bäcker und Barkeeper gelernt.
Aktuell arbeitet er in einem Hamburger Restaurant als Chef de Rang. In seiner Freizeit tritt Olli Riek zuweilen unter dem Namen „Gastronomicus" als Stand-up-Komiker auf und erzählt von absurd-lustigen Erlebnissen aus seinem Berufsalltag. Die komischsten Dialoge, die unglaublichsten Erlebnisse und die kuriosesten Gästetypen – kurz die Leiden eines jungen Waiters – sind nun auch in seinem Buch „Ist das Gemüse auch vegan?" festgehalten.

Danksagung

Arrowsmith: Ich möchte mich bei Nina Arrowsmith dafür bedanken, dass sie in meinem Projekt Potential sah und mich in ihre wirklich gute Agentur aufgenommen hat. Besonders danke ich Dr. Oliver Domzalski, der mein Manuskript auf Verlagstauglichkeit trimmte und mir unfassbar viel beratend zur Seite stand. Du bist ein wirklich absolut geiler Lektor!

acabus Verlag: Danke an Björn Bedey, der mich als Verlagschef sofort unterstützt hat, an Claudia Gromann für die Marketingunterstützung und ganz besonderen Dank an die Programmleiterin Daniela Sechtig, die als Verlagslektorin sehr viel Geduld mit meiner Ungeduld aufbrachte und wahnsinnig engagiert ist.

Ich danke meiner Frau Lena, die mir den Freiraum gibt, meine Geschichten zu schreiben, auch sie muss viel Geduld aufbringen, denn mit einem Autor zusammen zu sein, bedarf viel Geduld!

Ich danke meiner Familie für die Unterstützung und dafür, dass sie das Projekt nie als Spinnerei abtaten.

Und zu guter Letzt danke ich meinem „Jedimeister" Sebastian Schnoy, ohne den das alles überhaupt nicht so weit gekommen wäre. Du hast mich dazu ermutigt, ein Buch zu schreiben, du hast mein erstes Lektorat für die

Agentur geschrieben und als erster das Potential erkannt, danke dir dafür!

Ihr seht, das Zusammenkommen eines Buches ist nicht allein das Werk des Autors. Viele Menschen stehen dahinter, es ist also ein Gemeinschaftsprojekt und das möchte ich an dieser Stelle einmal ausdrücklich betonen!

Weitere Titel im acabus Verlag

Markus Walther

Kleine Scheißhaus-geschichten

ISBN: 978-3-941404-64-9
BuchVP: 11,90 EUR
156 Seiten, Paperback

Wissen Sie, warum immer wieder Socken in Waschmaschinen verschwinden? Oder haben Sie eine Ahnung, weshalb es die Zahnfee nicht (mehr) gibt? Was hat man mit Godzilla gemacht, nachdem er besiegt wurde? Und ahnen Sie, zu welcher genauen Uhrzeit das Ende der Welt sein wird?

Diese Zwischendurchlektüre beantwortet in 68 Kurz- und Kürzestgeschichten aus verschiedensten Genres die wirklich wichtigen Fragen dieser Welt.

... und ganz nebenbei auch einige der Unwichtigeren.

Dass in einer Kurzgeschichte eine philosophische Weisheit, ein ganzes Lebensgefühl oder völlig neue, hyperreale Welten Platz haben können, beweist dieser Sammelband von Markus Walther. Wer gerne gewitzt pointierte Anekdoten liest, wird die Scheißhausgeschichten lieben.

Markus Walther

EspressoProsa.
Klein. Stark. (Manchmal)
schwarz.

ISBN: 978-3-86282-126-6
BuchVP: 10,90 EUR
128 Seiten, Paperback

53 Kurzgeschichten to go

Was haben Espresso und Kurzgeschichten gemeinsam?

Beide werden ihrer Größe wegen – oder sollte man vielleicht eher sagen wegen ihrer geringen Menge – oft unterschätzt. Doch so wie in dem kleinen Tässchen eine geballte Ladung Koffein steckt, können sich selbst in der kürzesten Geschichte Universen auftun und sogar ganze Leben entfalten.

EspressoProsa ist die Fortsetzung von „Kleine Scheißhausgeschichten“ und entfaltet ebenso wie sein Vorgänger Humor und Geistreiches über die Wunderlichkeiten des Alltags und der Welt. Kurzweilig, aber dennoch pointiert versüßen sie die eine oder andere Tasse Kaffee. Und auch wer Kaffee und Humor lieber schwarz genießt, wird auf seine Kosten kommen.

Unser gesamtes Verlagsprogramm
finden Sie unter:

www.acabus-verlag.de
http://de-de.facebook.com/acabusverlag

acabus